Luise Sammann

GROSSMACHTTRÄUME

Luise Sammann

GROSSMACHT-
TRÄUME

Die Türkei zwischen
Demokratie und Diktatur

RECLAM

Für Fatih

2020 Philipp Reclam jun. Verlag GmbH,
Siemensstraße 32, 71254 Ditzingen
Druck und Bindung: CPI books GmbH,
Birkstraße 10, 25917 Leck
Printed in Germany 2020
RECLAM ist eine eingetragene Marke
der Philipp Reclam jun. GmbH & Co. KG, Stuttgart
ISBN 978-3-15-011260-1

Auch als E-Book erhältlich

www.reclam.de

INHALT

VORWORT

»Warum Erdoğan?« – so hieß der Arbeitstitel, unter dem ich Ende 2018 mit der Arbeit an diesem Buch begann. Denn obwohl die deutschen Medien in den vergangenen Jahren oft geradezu mit Türkei-Berichten überschwemmt wurden, ist Erdoğans großer und anhaltender Erfolg für viele Menschen in Deutschland nach wie vor nicht nachvollziehbar. Dabei lässt er sich bei einem genaueren Blick auf die türkische Gesellschaft sehr wohl erklären – und damit auch die Tatsache, warum selbst die aktuelle Wirtschaftskrise am Bosporus ihm bisher nicht wirklich etwas anhaben konnte.

Das Problem, so stelle ich bei Gesprächen immer wieder fest, ist allerdings, dass viele Deutsche das Gefühl haben, schon längst alles über die Türkei zu wissen. Mein Mann ist Türke. Seit zwei Jahren leben wir zusammen in Deutschland. Und wenn es etwas gibt, was ihn seitdem wirklich irritiert, dann ist es die Zahl der gefühlten oder selbsternannten Türkei-Experten in Berlin und anderswo. »Der Erdoğan, der hat den Putsch doch damals selbst inszeniert, oder?«, fragen ihn die Menschen – nur um dann gleich selbst zu einem ausführlichen Vortrag über die Zustände in seiner (!) Heimat anzusetzen. Echtes Interesse und Neugier sind selten. Lieber gibt man sich einer Art Anti-Türkei-Rausch hin, in dem CSU-Politiker im Radio Reisewarnungen für ein Land aussprechen, in dem sie wahrscheinlich nie waren, und selbsternannte Experten sich in Internetforen tummeln, um über die angeblich islamistischen Ziele des Herrn Erdoğan zu spekulieren.

Während dieses Buch entsteht, arbeite ich für den *Deutschlandfunk* an einem Radiobeitrag über die muslimischen Uiguren in China, die dort zu Hunderttausenden in sogenannten »Erziehungslagern« gefangen gehalten werden. Das Ausmaß der Menschenrechtsverletzungen dort ist unvorstellbar. Das Echo in der deutschen

Öffentlichkeit aber ist erstaunlich gering. Kaum jemand um mich herum fordert Sanktionen gegen China oder spricht davon, die wirtschaftlichen und womöglich auch die diplomatischen Beziehungen völlig abzubrechen. Nicht einmal der Name des chinesischen Staatspräsidenten Pinyin Xi Jinping, der ja längst nicht nur gegen die Uiguren in seinem Land radikal vorgeht, ist vielen Deutschen ein Begriff. Auch chinesische Restaurants leiden offensichtlich auch nach der Veröffentlichung der so genannten China Cables nicht unter Besuchermangel. Dagegen habe ich durchaus Bekannte, die in den letzten Jahren ihren Türkei-Urlaub storniert oder gar türkische Supermärkte in Berlin gemieden haben, um ihren Unmut über die Erdoğan-Politik auszudrücken.

Ich stelle diese Vergleiche nicht an, um zu bewerten, welche Reaktion auf welches Verhalten nun richtiger ist. Das muss jeder für sich selbst entscheiden. Auch möchte ich Erdoğans Verhalten in keiner Weise relativieren. Natürlich müssen die Probleme in der Türkei klar beim Namen genannt werden, und wenn die deutsche Öffentlichkeit ein besonderes Interesse an diesem so wichtigen Land hat, dann ist das letztendlich positiv zu sehen. Aber vielleicht lohnt es sich, ab und zu einen Moment innezuhalten und zu überlegen, bevor pauschale Verurteilungen herausposaunt und vorschnelle Sanktionen à la »da müssen wir jetzt doch mal richtig durchgreifen« vorgeschlagen werden. Das Stammtischniveau, das die Türkeidiskussion in Deutschland seit einigen Jahren prägt, hilft jedenfalls niemandem weiter. Vor allem, weil es dabei schon lange nicht mehr um die Türkei selbst geht.

Es geht vielmehr um ihren Präsidenten, der in den letzten Jahren zu einer Art Lieblingsfeind der Deutschen aufgestiegen ist. Eben darin aber liegt der Fehler. Denn Erdoğan ist gar nicht das eigentliche Problem der Türkei, sondern eher die Folge einer ganzen Reihe von Problemen, allen voran eines Demokratiedefizits in der breiten Gesellschaft. Natürlich ist der sogenannte »Sultan vom Bosporus« mit seinen ständigen Provokationen ein Ärgernis. Natürlich ist es nicht hinnehmbar, wenn er den Deutschen vorwirft, sie seien Faschisten und Nazis, wenn er sich in hiesige Angelegenheiten einmischt etc. Genauso wenig dürfen wir schweigen, wenn in seinem eigenen Land Zehntausende Menschen im Gefängnis landen oder Schritt für Schritt die Gewaltenteilung ausgehebelt wird. All das sind Dinge, die beim Namen genannt und gegebenenfalls auch beantwortet bzw. sanktioniert werden müssen. Aber Fakt ist doch: Die markige Erdoğan-Kritik, auf die sich der Umgang mit der Türkei in weiten Teilen Deutschlands in den letzten Jahren reduziert hat, hatte bisher keinerlei Erfolg. Im Gegenteil: Der türkische Präsident sitzt fest im Sattel wie eh und je. Die alle Jahre wiederkehrenden Schlagzeilen à la »Der Thron von Sultan Erdoğan wackelt« (*Deutsche Welle*) oder »Ist Erdoğan am Ende?« (*Spiegel*) drücken eher einen Wunschtraum der deutschen Medienlandschaft aus als die Realität.

Zugegeben, im Moment scheint die Gesamtsituation schon wieder besser als zu der Zeit, als die Idee für dieses Buch entstand – als der Putschversuch und seine Folgen noch akut und die deutsch-türkischen Beziehungen von Nazivorwürfen und den Verhaftungen deutscher Staatsbürger geprägt waren. Ankara und Berlin gehen heute, wenn auch noch lange nicht freundschaftlich, so doch zumindest wieder etwas entspannter miteinander um. Aber wer genau hinsieht, der muss auch feststellen: Aus dem Ausnahmezustand ist am Bosporus inzwischen der Normalzustand geworden. Der Massive Braindrain (allein 2017 verließen mehr als 250 000 Türken ihre Heimat, ein Großteil von ihnen junge Akademiker) ist nur ein Zeichen dafür. Die parteiübergreifende Unterstützung, die Erdoğan auch aus der Opposition für seinen Angriffskrieg im kurdischen Nordsyrien erhalten hat, belegt außerdem, wie wenig sich an den Kräfteverhältnissen im Land trotz der aufsehenerregenden Istanbul-Wahl vom März 2019 geändert hat. Ekrem Imamoğlu, Kandidat der säkularen CHP, mag Erdoğans Heimatstadt mit hauchdünnem Vorsprung ›erobert‹ haben. Doch ob das tatsächlich der Anfang vom Ende des großen Sultans war, wage ich zu bezweifeln.

Dabei liegt die türkische Wirtschaft – von so vielen als Erdoğans Achillesferse bezeichnet – längst am Boden. Die USA seien schuld am Niedergang der Türkischen Lira, posaunt der Präsident seit Monaten bei seinen Auftritten – und erntet wieder einmal jubelnde Zustimmung von Millionen Türken. Jetzt erst recht zu Erdoğan halten, bloß nicht einknicken, heißt die Reaktion seiner Anhänger. Ich habe diese Strategie in den letzten Jahren so oft beobachten können. Und bisher führte sie immer zum Erfolg. Ähnlich gering ist mein Optimismus deswegen beim Blick auf die deutschtürkischen oder deutscheuropäischen Beziehungen, selbst wenn inzwischen wieder mildere Töne aus Ankara in Richtung Deutschland und Europa kamen als zuvor. Obwohl plötzlich wieder vom Ziel der EU-Mitgliedschaft und von der angeblich unverwüstlichen deutschtürkischen Freundschaft die Rede ist, genügt ein Blick auf das Auf und Ab der vergangenen Jahre, um zu wissen: Schon morgen kann sich der Wind wieder drehen und der nächste Deutsche in türkischer Haft sitzen. Denn auch die Tatsache, dass von vielen als »Geiseln« bezeichnete Häftlinge wie der ehemalige *Welt*-Korrespondent Deniz Yücel oder der Menschenrechtsaktivist Peter Steudtner inzwischen wieder frei sind, ist ja kein Anzeichen für eine gerechtere Justiz am Bosporus, sondern im Gegenteil eher ein weiterer Beweis für eine von oben gesteuerte Politik und Rechtsprechung nach Wetterlage.

Wegen all dieser und vieler weiterer Themen lautet eine der zentralen Thesen dieses Buches: Das Problem der Türkei ist viel größer als die Person Recep Tayyip Erdoğan. Eine sinnvolle, erfolgreiche Türkei-Politik muss dementsprechend langfristiger und weit über die Erdoğan-Ära hinaus angelegt sein. Denn selbst wenn Erdoğan eines Tages wider Erwarten doch abgewählt oder abtreten sollte, deutet nichts darauf hin, dass ihm dann ein besserer Demokrat folgen könnte. Das Problem ist die türkische Gesellschaft, die einen wie ihn seit 14 Jahren unterstützt. Und selbst unter seinen Gegnern ist die Zahl derer groß, die sich nicht etwa ein vielfältiges, starkes, buntes Parlament wünschen, sondern lieber einen Führer von Erdoğans Format – nur eben nach ihrem Gusto. Das ist erschreckend. Und es sollte uns aufrütteln.

Wenn wir uns also langfristig einen demokratischen, stabilen Partner am Bosporus wünschen – und das sollten wir schon allein aus ureigenstem Interesse tun, Stichwort Flüchtlingspolitik – dann müssen wir aufhören, uns an Herrn Erdoğan abzuarbeiten. Stattdessen sollten wir lieber fragen: Was können und müssen wir tun, damit die Menschen in der Türkei nach dem Ende der Erdoğan-Ära nicht nur den nächsten machtgierigen Despoten wählen? Was können wir tun, damit ihre Abneigung gegen alles Westliche nicht immer größer und damit die Chance auf Dialog und Zusammenarbeit immer kleiner wird?

Neben der Beantwortung solcher und vieler weiterer Fragen geht es mir in diesem Buch vor allem darum, für eine neue Richtung der deutschen Außenpolitik zu werben. Wir brauchen ein neues

Verständnis und eine neue Grundhaltung im Umgang mit der Türkei und ihren Bewohnern. Der Abbruch der EU-Beitrittsverhandlungen ist dafür meiner Meinung nach die erste Voraussetzung. Nicht obwohl, sondern gerade weil ich meine, dass die Türken wieder Perspektiven jenseits von nationalistischen Großmachtträumen brauchen. Bahn frei für einen neuen, echten Dialog auf Augenhöhe mit einem Land, das uns auch in Zukunft noch viel beschäftigen wird!

WAS GEHEN UNS DIE TÜRKEN AN?

»Wenn ich Kanzler bin, werde ich [...] die Beitrittsverhandlungen
der Türkei mit der EU abbrechen.«
Martin Schulz

Jeder weiß, Martin Schulz von der SPD ist am Ende nicht Kanzler geworden. Aber für diesen einen Satz im TV-Duell mit Angela Merkel
im September 2017 hätten ihn viele Deutsche wahrscheinlich doch
am liebsten gewählt. Denn nicht nur zahlreiche konservative Politiker, die einem EU-Beitritt der Türkei ohnehin von Anfang an kritisch
gegenüberstanden, und auch nicht nur bekennende und aktive
Erdoğan-Gegner, wie zum Beispiel die kurdischstämmige Linken-
Politikerin Sevim Dağdelen,[1] sehnen sich schon lange nach einer klaren Wende in der europäischen Türkeipolitik. Nach Jahren immer
heftigerer Provokationen aus Ankara – nach beleidigenden Nazi-
Vergleichen, juristisch kaum oder unzureichend begründeten Verhaftungen deutscher Staatsbürger und zahlreichen diplomatischen
Verstößen gegen die Etikette – wünschen sich selbst viele einstige
Türkeifans inzwischen nur noch eins: den Schamlosigkeiten des türkischen Präsidenten endlich etwas entgegensetzen zu können.

Und was liegt da näher, als zunächst den Beitrittsdialog und später
dann am liebsten gleich jegliche Beziehungen zu diesem Unrechtsre-
gime zu kappen? Die Grenzen und Ohren zu verschließen, wenn der
sogenannte »Sultan vom Bosporus« wieder mal ausfällig wird und
die EU wie im April 2017 gar als das Zentrum »der Repression, Gewalt
und des Nationalsozialismus« bezeichnet? Ein »Christenclub« sei sie,
den die Türkei ohnehin nicht nötig habe. Mal ehrlich: Müssen wir uns
damit überhaupt tagtäglich beschäftigen? Brauchen wir denn die
Türkei so dringend, dass wir uns all das gefallen lassen müssen? Lassen wir die da drüben doch machen, was sie wollen. Ignorieren wir

Erdoğan, ignorieren wir den Abgrund, in den er sein Land ganz offensichtlich steuert. Die Nachrichtensendungen könnten so viel kürzer sein, wenn der türkische Präsident und sein immer unerklärlicher erscheinendes Land einfach nicht mehr darin vorkämen.

Doch so einfach ist es eben nicht. Nicht nur die Einmischungen in den eingangs erwähnten deutschen Bundestagswahlkampf 2017 haben deutlich gezeigt: Man muss die Türkei nicht lieben. Politisch ausblenden lässt sich das Land an der vielbesungenen Schnittstelle zwischen Ost und West aber ebenfalls nicht. Allein beim Umgang mit den Flüchtlingen, die über die Türkei nach Europa gelangen wollen, sind Deutschland und Europa – schlicht und einfach aus geographischen Gründen – sehr wohl zur Zusammenarbeit mit Erdoğan gezwungen. Der sogenannte »Flüchtlingsdeal« von 2016 mag dafür nicht die beste Grundlage sein. Im Gegenteil – er gleicht eher einer moralischen Bankrotterklärung Europas und einer Beleidigung all jener, die Europa einst als Wertegemeinschaft bezeichnet haben. Aber Prophezeiungen wie die des belgischen Europaparlamentariers Guy Verhofstadt, alles werde gut, wenn die EU sich nur erst einmal aus dem »ungesunden Abhängigkeitsverhältnis zur Türkei« befreie, also »wieder Herr über ihre eigenen Grenzen« werde, wirken fast schon weltfremd.

Grenzen haben immer zwei Seiten und zwingen die jeweiligen Nachbarn damit zur Zusammenarbeit. Die Türkei wird Europas Nachbar bleiben, ob es uns gefällt oder nicht. Und auch ansonsten lässt sich ein 80-Millionen-Einwohner-Staat, der geographisch zu Teilen in Europa liegt, geschichtlich eng mit diesem Kontinent verflochten ist und durch 5–10 Millionen türkischstämmige EU-Bewohner (mehr als 3 Millionen davon in Deutschland) sprachlich und kulturell überall präsent ist, niemals einfach ignorieren oder ausschließen. Im Gegenteil. Die geostrategische Lage an der Schnittstelle zwischen Europa und dem Nahen Osten sowie über das Schwarze Meer hinweg als direkter Nachbar Russlands hat das Land in einer Zeit, in der sich längst überwunden geglaubte internationale Konflikte wieder zuspitzen, noch wichtiger werden lassen. Das »Abhängigkeitsverhältnis« zur Türkei, das Herr Verhofstadt und andere kritisieren, wird bestehen bleiben. Kein Politiker wird das ändern können.

Aber ob es ein feindliches Verhältnis ist oder stattdessen ein konstruktiv-partnerschaftliches, darüber können und müssen wir in

Zukunft mitbestimmen. So fremd und unsympathisch die Türkei vielen von uns zurzeit erscheinen mag: Sie ist und bleibt »ein wichtiger Partner Deutschlands und Nachbar der EU, zu dem wir vielfältige Beziehungen haben. Deshalb haben wir ein besonderes Interesse an einem guten Verhältnis zur Türkei.«[2] So heißt es nicht zufällig im aktuellen Koalitionsvertrag der Bundesregierung. Diejenigen, die diese Zeilen verfasst haben, beweisen damit weitaus mehr Realitätssinn als diejenigen, die regelmäßig mit viel Getöse in den Talkshows von Anne Will und Co. den Abbruch der Beziehungen mit Ankara fordern. Um das zu begreifen, muss man weder ein unkritischer Türkeifreund sein, der sich alles gefallen lässt, noch ein AKP-Wähler. Es reicht, zusätzlich zu den geographischen einen Blick auf die wirtschaftlichen Verflechtungen zwischen Deutschland und der Türkei zu werfen: Mehr als 7000 deutsche Firmen sind am Bosporus aktiv, Erdoğans 80-Millionen-Einwohner-Staat ist trotz aller Verwerfungen der fünftgrößte Handelspartner Europas und allein energietechnisch überlebenswichtig für uns.

Mindestens genauso entscheidend ist die Nato-Partnerschaft (die türkischen Streitkräfte stellen die zweitgrößte Armee innerhalb der Allianz), die zwar völlig zu Recht hinterfragt, aber doch in Zeiten des IS-Terrorismus und anderer internationaler Bedrohungen nicht einfach ersatzlos gestrichen werden kann. Es waren ja nicht zuletzt sicherheitspolitische Erwägungen, die vor über 50 Jahren dazu führten, dass Europa sich überhaupt für Beitrittsverhandlungen mit der Türkei interessierte. Ein Thema, das heute eher relevanter als unwichtiger geworden sein dürfte. Nein, man muss wahrlich kein naiver Gutmensch sein, um auch in diesen Zeiten weiter für einen Dialog mit der Türkei einzutreten – auch oder vielleicht sogar gerade, wenn sie von einem Präsidenten wie Recep Tayyip Erdoğan regiert wird. Günter Seufert, Türkeiexperte bei der Berliner Stiftung Politik und Wissenschaft, stellt in einem *ZEIT*-Artikel vom 15. August 2018 fest: »Die Türkei wird ein schwieriger Partner bleiben. Damit sie Partner bleiben kann, muss sie stabil sein.«[3]

Dieses Buch beschäftigt sich mit der Frage, wie die Zusammenarbeit mit einer möglichst stabilen Türkei in Zukunft aussehen kann, indem es vor allem einen genauen Blick auf die türkische Gesellschaft wirft. Wer sind die Erdoğan-Wähler? Was treibt sie an? Wovon träumen sie? Und was trennt sie von ihren Gegnern, die seit 18 Jahren eine Wahl nach der anderen verlieren und ihrer Heimat inzwischen in wachsender Zahl den Rücken kehren? Woher kommen der Hass und die Angst in der türkischen Gesellschaft, die maßgeblich zu Erdoğans Erfolgen und damit zur schrittweisen Abschaffung der – zugegeben ohnehin nie besonders gut entwickelten – Demokratie am Bosporus beigetragen haben? All diese Fragen sind meiner Meinung nach wichtiger als der Blick auf den Präsidenten selbst. Denn in der türkischen Gesellschaft – und nicht etwa in der Person Erdoğan – liegt langfristig der Schlüssel zu einer demokratischen, stabilen Türkei, deren Existenz jedem Europäer eine Herzensangelegenheit sein sollte. Und sei es aus purem Egoismus.

ERDOĞAN – DIKTATOR ODER NICHT?

Wer dieser Tage über die Türkei spricht, der spricht automatisch über ihren seit 2003 regierenden Präsidenten: Recep Tayyip Erdoğan (* 1954). Dabei existiert dort sehr wohl noch ein türkisches Parlament. Obwohl es unerschrockene Oppositionspolitiker, einige wenige kritische Journalisten und eine kleine, aber beeindruckend aktive Zivilgesellschaft gibt, beginnt und endet längst jeder Gedanke über die türkische Republik mit ihrem immer mächtiger werdenden Präsidenten. Auch mir selbst, die ich das kritisiere, geht es viel zu häufig so. Dass man Erdoğan und seinem Geltungsdrang damit in die Hände spielt, wird dabei schnell vergessen, wohl auch, weil es nur wenige Themen oder Personen gibt, über die sich die deutsche Öffentlichkeit in den letzten Jahren so einig war wie über Recep Tayyip Erdoğan.

Während Dieselfahrverbote, Bundeswehrauslandseinsätze oder der Umgang mit der AfD tagtäglich für hitzige Debatten in Parlamenten wie an Stammtischen sorgen, ist man sich bei der Bewertung des türkischen Präsidenten meist sehr schnell einig: Erdoğan gilt in Deutschland – zumindest innerhalb der nicht türkischstämmigen Mehrheitsgesellschaft – von links bis rechts als Hassobjekt. Als Inbegriff von Unterdrückung. Als Antidemokrat. Fast schon wohltuend wirkt diese Einigkeit, mit der sich die ansonsten zunehmend zerstrittene deutsche Öffentlichkeit über den türkischen Präsidenten empören kann.

So war die Aufregung zum Beispiel groß, als er den Deutschen und ihrer Bundeskanzlerin Angela Merkel im Jahr 2017 gleich mehrfach Nazimethoden vorwarf. Dazu gebracht hatten ihn Verbote gegenüber ihm selbst und seinen Ministern, in Deutschland Wahlkampf zu betreiben bzw. für das auf ihn zugeschnittene Präsidialsystem zu werben. »Deutschland, du hast in keiner Weise ein Verhältnis zur Demokratie und du solltest wissen, dass deine derzeitigen Praktiken keinen Unterschied machen zu den Praktiken in der Nazi-Zeit«, wütete Erdoğan bei einer Veranstaltung in Istanbul. »Wir werden über Deutschlands Verhalten auf der internationalen Bühne sprechen und die Deutschen vor den Augen der Welt beschämen. Wir wollen die Nazi-Welt nicht mehr sehen. Nicht ihre faschistischen Taten. Wir dachten, dass diese Ära vorbei wäre, aber offenbar ist sie es nicht«, betonte der Präsident damals. Kein Wunder, dass verbale Ausfälle wie dieser bei den angesprochenen Deutschen vor allem drei Dinge hervorriefen: Unverständnis, Empörung und Wut gegenüber diesem Politiker – einem »Präsidenten ohne Maß«, wie der Berliner *Tagesspiegel* am 5. März 2017 titelte.

Dementsprechend melden sich nur erklärte Erdoğan-Anhänger in Deutschland überhaupt noch zu Wort – womit sie sich allerdings im öffentlichen Diskurs mehr oder weniger automatisch disqualifizieren –, wenn große europäische Medien den türkischen Präsidenten gleich in der Überschrift als »Diktator« bezeichnen. Beispiele dafür finden sich in schöner Regelmäßigkeit sowohl links als auch rechts im politischen Spektrum.[1] In anderen europäischen Ländern verläuft die Debatte ähnlich. Als das französische Politmagazin *Le Point* im Mai 2018 ein ganzes Heft mit Erdoğans Foto und dem Titel »Der Diktator« betitelte, waren es ausschließlich bekennende AKP-Fans, die Einspruch erhoben und forderten, dass die Werbeplakate der Heftausgabe von Kiosken entfernt werden. Teilweise schritten sie gleich selbst zur Tat. Präsident Emmanuel Macron sah sich daraufhin genötigt, auf Twitter die Pressefreiheit zu verteidigen. Die Frage aber, ob Erdoğan nun tatsächlich ein Diktator ist oder nicht, blieb hier wie dort ungeklärt. Seit bald zwanzig Jahren schon feiern seine Anhänger ihn explizit als den größten Demokraten aller Zeiten, während seine Gegner ihn nicht selten in eine Reihe mit Faschisten wie Adolf Hitler und Benito Mussolini stellen. Wie kann das sein?

Tatsächlich sah es ja bis zum Jahr 2011 so aus, als ob ausgerechnet Erdoğan die türkische Republik nicht auto-, sondern demokratischer machen würde. Es war Erdoğan, der die jahrzehntealte Macht des Militärs beschnitt, den Dialog mit den Minderheiten im Land förderte, das Kopftuchverbot aufhob und die Türkei näher an die EU heranführte. Dafür erhielt er am 3. Oktober 2014 den Quadriga-Preis der Werkstatt Deutschland; der damalige Bundeskanzler Gerhard Schröder hielt eine Laudatio. Im Publikum saßen Cem Özdemir

(Bündnis 90/Die Grünen) und viele andere, die heute zu den größten und lautesten Erdoğan-Kritikern gehören. Schröder betonte damals:

> Die Werkstatt Deutschland ehrt mit dem »Quadriga«-Preis heute einen großen Reformpolitiker, der sein Land in die Europäische Union führen will. [...]
>
> Ihr Eintreten für mehr Freiheit, einen besseren Schutz der Menschenrechte und weniger staatliche Bevormundung ist für Sie, Herr Ministerpräsident, aber kein Zugeständnis an Europa. Sondern es ist Konsequenz Ihrer politischen Überzeugung – und auch Folge leidvoller persönlicher Erfahrungen mit Unterdrückung und Verfolgung. In der offiziellen Begründung der heutigen Preisverleihung heißt es, dass sich in Ihrer Persönlichkeit demokratische Überzeugung und religiöse Verwurzelung in glaubwürdiger Weise vereinen.
>
> In der Tat: Sie haben bewiesen – auch wenn Ihr politischer Weg nicht frei von »Umwegen« war –, dass beide Aspekte miteinander vereinbar sind.

Viel, unglaublich viel, hat sich verändert, seit Gerhard Schröder diese Worte an Recep Tayyip Erdoğan richtete. Und dennoch müssen wir uns fragen: Kann man einen einstigen Würden- und Hoffnungsträger dieser Art nun also bedenkenlos als Diktator bezeichnen? Ihn, der seit dieser Preisverleihung ein ums andere Mal durch die Wählerstimmen von Millionen Türken im Amt bestätigt wurde, wie er seinen Kritikern gern und häufig entgegenhält? Was, wenn nicht die Wahlergebnisse der letzten Jahre, könnten ein besserer Beweis für Erdoğans Demokratiefähigkeit sein?

Auch der AKP-Chef selbst wehrt sich gegen das Etikett des Diktators. Mehr als 2500 Verfahren strengte er in den letzten Jahren gegen türkische Journalisten, Twitternutzer, Studenten und Hausfrauen an, weil sie ihn als Diktator bezeichnet hatten. Selbst gegen den Vorsitzenden der größten Oppositionspartei CHP, Kemal Kılıçdaroğlu, ging er aus diesem Grunde vor Gericht. In seinem bemerkenswerten Interview mit Giovanni di Lorenzo legte Erdoğan dem Chefredakteur der ZEIT im Juli 2017 nahe: »Sie sollten erst einmal nachschlagen, was das ist, ein Diktator!«

Tun wir also genau das. Laut Duden ist ein Diktator ein »unumschränkter Machthaber in einem Staat« oder auch ein »herrischer, despotischer Mensch«. In der römischen Republik bezeichnete man jemanden, der »in Notzeiten vorübergehend mit der Gesamtleitung des Staates« betraut wurde, als Diktator – also eine Person, die ohne Kontrolle schalten und walten konnte. Zweifellos passt all das gut auf das System, das der türkische Präsident spätestens seit dem Sommer 2016 als Folge von Putschversuch und Ausnahmezustand in der Türkei zu etablieren sucht. Es handelt sich um ein System, in dem die Gewaltenteilung praktisch abgeschafft wurde, seit Judikative, Legislative und Exekutive allesamt direkt oder indirekt von Erdoğan bzw. seinen engsten Vertrauten kontrolliert werden und das Parlament praktisch entmachtet ist. Ein System, in dem laut Reporter ohne Grenzen und anderen kritischen Organisationen mehr Journalisten im Gefängnis sitzen als in irgendeinem anderen Land auf der Welt und in dem zahlreiche Oppositionspolitiker und Aktivisten mit Drohungen, Klagen oder gar Gefängnisstrafen zum Schweigen gebracht wurden. Erdoğan und seine Anhänger rechtfertigen all das mit Terror- und Umsturzvorwürfen – ein Totschlagargument, das inzwischen praktisch jedem zum Verhängnis werden kann, der sich in der Türkei noch kritisch zu äußern wagt.

Tatsächlich landeten Hunderttausende Menschen infolge des Putschversuchs vom 15. Juli 2016 im Gefängnis. Mehr als 150 000 Beamte verloren ihre Jobs. Niemand von uns kann zu 100 Prozent sicher sein, dass sie alle unschuldig sind. Doch stehen Beweise für ihre Vergehen in vielen Fällen bis heute aus. Gerade das – die pauschale Kriminalisierung eines jeden, der sich gegen ihn stellt – macht Erdoğan in den Augen seiner Kritiker zu einem typischen Diktator. Selbst einige türkische Richter schlossen sich dieser Sichtweise an (bewiesen damit allerdings zugleich, dass demokratische Instanzen zumindest teilweise doch noch funktionierten), als sie in einem Gerichtsurteil des Jahres 2015 entschieden, dass die Zeitung *Cumhuriyet* den mächtigen Präsidenten sehr wohl als »Diktator« bezeichnen darf – was sie und die wenigen anderen verbliebenen regierungskritischen Medien im Land seitdem auch regelmäßig tun.

Allerdings zahlen sie dafür ihren Preis. Die Hälfte der *Cumhuriyet*-Redaktion ist in den vergangenen Jahren für kurze oder auch lange Zeit im Gefängnis gelandet, weil man ihr Mitgliedschaft in einer terroristischen Vereinigung und Verbreitung von Terrorpropaganda vorwarf – seit einigen Jahren eine Art Totschlagargument gegen Regierungskritiker jeder Art in der Türkei. Inzwischen ist die *Cumhuriyet* dank ihres neu gewählten nationalistischen (und damit weniger Erdoğan-kritischen) Stiftungsvorstandes ohnehin mehr oder weniger ruhiggestellt. Journalisten, die den Präsidenten öffentlich angreifen, bzw. Redaktionen, die ihre Worte abdrucken oder senden, gibt es am Bosporus praktisch nicht mehr. Neben der Entmachtung von Parlament, Justiz und Exekutive ist damit auch die vierte Gewalt im Staate, die Presse, faktisch gleichgeschaltet.

Fazit: Erdoğan als einen Demokraten zu bezeichnen, ist angesichts all dessen heute kaum noch möglich, auch wenn ausgerechnet er einst einen Wind durch die Türkei wehen ließ, der Hoffnung auf etwas ganz anderes weckte. Zwar kann man ihm zugutehalten, dass sich die wirtschaftliche und soziale Lage vieler Türken unter seiner Herrschaft zumindest zu Beginn tatsächlich gebessert hat. Das mag ihn für viele seiner Anhänger zu einem »guten Diktator« machen, der angeblich nur das Beste für sein Volk und sein Land will. Zu einem guten Demokraten aber macht es ihn mit Sicherheit nicht, genauso wenig wie die Tatsache, dass er nach wie vor regelmäßig Wahlen abhalten lässt.

Denn die Bedingungen, unter denen diese stattfinden (inhaftierte Oppositionsführer, kaum Zugang zu den Massenmedien für Kritiker, Druck und Angst in der Bevölkerung ...), machen sie allmählich zu einer Farce. Für Erdoğan aber bleiben sie ein wichtiges Legitimationsinstrument. Sie dienen ihm als Schutzschild, den er auch und vor allem Kritikern aus dem Westen jederzeit entgegenhalten kann, vor allem aber kann er sich dadurch vor seinen eigenen Anhängern legitimieren. Folgt man der Definition des Juristen und *Spiegel*-Autors Jan Hedde, unterscheidet ihn allein dieses Bedürfnis übrigens tatsächlich von einem Diktator:

Diktatoren gelangen häufig durch Gewaltakte wie Bürgerkriege und Militärputsche, aber auch durch Erbfolge an die Spitze eines Staates. Der Autokrat muss den beschwerlichen, dafür weniger riskanten Weg über die demokratische Wahl nehmen. Autokraten sind charismatisch und sie sind geborene Populisten. Den Typ des introvertierten Autokraten gibt es nicht; Autokraten wissen das

Volk anzusprechen und ihm das Gefühl zu geben, es sei besonders unter den Völkern. Daher richten sich die Versprechungen gerne auf Immaterielles: den Stolz, die Ehre, das Wiedererstarken, den Glauben. [...] Autokraten wie Diktatoren sind unterschiedlich bestrebt, dass sich das Volk mit ihnen identifiziert, denn der Autokrat will die nächste Wahl gewinnen, während der Diktator das Wahlergebnis anordnet. Einmal im Amt, bauen Autokraten den Staat um. Sie konzentrieren die institutionalisierte Macht bei sich: Die Gewaltenteilung wird geschwächt, die Opposition wird behindert und der Apparat der Exekutive und Judikative wird mit Gefolgsleuten besetzt. Der Autokrat schätzt loyale Mitstreiter, die ihn aus Vernunft unterstützen. [...]

Die Autokratie steht zwischen Demokratie und Diktatur. Wohin sich eine Autokratie entwickelt, liegt in der Person des Autokraten begründet: sind seine Ziele realistisch, wird er den Staat erhalten. Sind sie es nicht, wird er ihn zerstören.[2]

Genaugenommen müsste man den türkischen Präsidenten demnach als Autokraten bezeichnen. Er ist sogar geradezu der Prototyp des Autokraten. Denn dass ihm das Ansehen bei seinen Bürgern alles andere als egal ist, demonstriert er bei fast jedem seiner unzähligen öffentlichen Auftritte. »Es kümmert mich überhaupt gar nicht, ob sie mich einen Diktator oder Ähnliches nennen«, rief er den Zuhörern im November 2016 in Istanbul entgegen. »Das geht zum einen Ohr rein und zum anderen wieder raus. Wichtig ist, was mein Volk sagt.«

Ob man ihn mag oder nicht, Erdoğan hat recht mit dieser Feststellung. Hunderttausende türkische Frauen und Männer, die bei jedem seiner Auftritte in Tränen ausbrechen, verdeutlichen es nur zu gut: Selbst wenn ihn seine Gegner ein ums andere Mal einen Diktator, einen Autokraten oder auch einen Tyrannen nennen, ihn beschimpfen und sich empören, ist Erdoğan dabei doch vor allem eines: gewählt! Und viele Beobachter – inklusive meiner selbst – sind sich darin einig, dass er auch morgen wieder Wahlen gewinnen würde, trotz aller Verluste für die AKP bei den Kommunalwahlen vom 31. März 2019 und ganz ohne gefälschte Wahlzettel. Denn Fakt ist nach wie vor: Ein Großteil der türkischen Bevölkerung will einen Präsidenten von genau seinem Format. Egal, ob er nun nach unserer Definition ein Demokrat, ein Diktator oder aber ein Autokrat ist. Nicht umsonst nutzen viele seiner Anhänger und Parteikollegen im Zusammenhang mit Erdoğan ganz selbstverständlich das türkische Wort *lider*, zu Deutsch ›Führer‹. Allerdings ohne dabei an den historischen Kontext zu denken, der jedem Deutschen bei diesem Begriff sofort durch den Kopf schießt. Ihnen geht es schlicht darum, die Größe, die Macht und die richtungsweisende Kraft ihres Präsidenten in einem Begriff zusammenzufassen.

ERDOĞAN-BASHING UND ERHOBENER ZEIGEFINGER
SIND ZWECKLOS

Das in Deutschland in den letzten Jahren regelrecht zur Mode gewordene »Erdoğan-Bashing« ist genau aus diesem Grund absolut sinnlos. Letztendlich ist es sogar kontraproduktiv, denn es hilft dem Präsidenten lediglich dabei, sich vor seinen Anhängern als Opfer zu inszenieren, dem seine Neider den ungeheuren Erfolg der letzten Jahre angeblich nicht gönnen. Der deutsche Bundestagswahlkampf 2017, in dem die Türkei teilweise zum wichtigsten Thema mutierte, zeigte das in aller Deutlichkeit: Nachdem sowohl Kanzlerin Angela Merkel (CDU) als auch SPD-Kandidat Martin Schulz im TV-Duell versucht hatten, mit dem Stopp der EU-Beitrittsverhandlungen zu punkten, reagierte die türkische Presse am Folgetag prompt. Deutsche Politiker, so die Kommentatoren, wollten einander in ihrer »Türkei-Feindlichkeit« offensichtlich überbieten, um die Wahl zu gewinnen. Die Türkei, nein, die ganze islamische Welt, werde wieder einmal zum Opfer des Rechtsrucks, der durch Europa gehe. Die ohnehin zunehmend antiwestlich eingestellte türkische Öffentlichkeit fühlte sich bestätigt: Deutschland und die EU, dieser »Christenclub«, hätten sich gegen die Türkei verschworen, meinten selbst solche Türken, die Erdoğan ansonsten kritisch gegenüberstanden.

Ganz ähnlich funktioniert der Mechanismus bei anderen Themen, mit denen Deutschland und Europa in den vergangenen Jahren versucht haben, Erdoğans Türkei unter Druck zu setzen und zu bestrafen. Die Androhung von Wirtschaftssanktionen jeder Art zum Beispiel scheint all jenen am Bosporus recht zu geben, die schon lange behaupten, der türkische Aufschwung der 2000er Jahre sei Europa ein Dorn im Auge und der Hauptgrund für die regelmäßige Kritik an Präsident Erdoğan. Vor allem Deutschland habe Angst, dass durch den 2018 eröffneten dritten Istanbuler Flughafen – mit knapp

100 Millionen Passagieren pro Jahr einer der größten der Welt – die Lufthansa und der Frankfurter Flughafen in die Bedeutungslosigkeit abrutschen könnten, lautet eine vielfach geäußerte Unterstellung Erdoğan-treuer Türken. Deswegen tue Berlin alles dafür, die türkische Wirtschaft zu ruinieren. Wer sein Land liebt, so die Logik, muss deswegen nun erst recht zu Erdoğan halten. Dem Präsidenten, der die Türkei wieder groß gemacht hat und den Europäern ganz offensichtlich so viel Angst einjagt wie schon lange kein Türke mehr.

Die Liste von Beispielen dieser Art ließe sich endlos fortsetzen. Denn das Spiel mit der Opferrolle ist in den letzten Jahren zu einem der wichtigsten politischen Instrumente Erdoğans geworden, gerade wenn es gilt, von innenpolitischen Schwächen abzulenken. Deutschland und Europa spielen ja auch zuverlässig mit, wenn sie zum Beispiel Auftrittsverbote für türkische Minister verhängen und sie dann mit wirren Verweisen auf Sicherheits- und Parkplatzmängel begründen, anstatt zumindest aufrichtig zuzugeben, dass die Propaganda für ein Ein-Mann-System am Bosporus auf deutschem Boden fehl am Platz ist. Zwei bis drei Prozentpunkte habe allein dieser Konflikt der AKP damals gebracht, frohlockte ein Erdoğan-Vertrauter später im türkischen Fernsehen. Zahlreiche unschlüssige Wähler hätten sich wegen des antitürkischen Verhaltens der Europäer doch noch hinter den Präsidenten gestellt und Ja zu seinem Präsidialsystem gesagt. Wieder einmal hatte er gewonnen.

WO EIN »FÜHRER«, DA EIN VOLK

Man kann gar nicht oft genug daran erinnern: Der türkische Präsident ist (zunächst) nicht zum mächtigsten Mann seines Landes geworden, indem er Menschen und Freiheiten unterdrückt, sondern indem er Wahlen gewonnen hat. Immer wieder und immer erfolgreicher. Bereits bei der Parlamentswahl 2002 erhielt seine AKP aus dem Stand heraus mehr als 34 Prozent der Stimmen. Fünf Jahre später waren es bereits 46,6 Prozent. Seitdem ist die Erdoğan-Partei nie wieder unter die 40-Prozent-Marke gefallen. Das sind Ergebnisse, von denen deutsche Volksparteien nur träumen können. Erdoğan kann vieles von dem tun, was er in den letzten Jahren getan hat – also zum Beispiel Gesetze am Parlament vorbei per Dekret erlassen, kritische Zeitungen und Fernsehsender schließen oder gewählte kurdische Bürgermeister absetzen –, weil er in einem Land lebt, in dem viele Menschen genauso denken wie sein Berater Yiğit Bulut, der am 14. Juni 2016 im staatlichen Fernsehsender TRT mit Bezug auf seinen Präsidenten verkündete: »Es ist unnötig, dass jemand anderes Politik macht [...]. Unsere Aufgabe in diesem Land ist es, den Führer zu unterstützen.«

Die Frage, die sich langfristig stellt bzw. meiner Meinung nach stellen muss, lautet genau wegen Aussagen wie dieser nicht: Wer oder was ist Recep Tayyip Erdoğan und wie gehen wir mit ihm um? Die Frage muss heißen: Wer sind die Menschen, die einem solchen Mann seit Jahren zu immer mehr Macht verhelfen? Bei einem ehrgeizigen Ex-Journalisten wie Yiğit Bulut, der von Erdoğan höchstpersönlich 2013 zum »Chefberater« ernannt wurde, oder bei den vielen Unternehmern, die unmittelbar nach Regierungsantritt der AKP reich geworden sind, lässt sich diese Frage vielleicht noch einigermaßen problemlos beantworten. Aber wer sind die Millionen Türken, die keineswegs reich oder berühmt sind – die sich aber dennoch statt Mitsprache, Freiheit und Vielfalt einen starken »Führer« wünschen, der für sie entscheidet, was gut ist und was nicht? Einen autoritären Herrscher, dem sie sich blind anvertrauen, ohne sich dabei von Korruptionsskandalen, Massendemonstrationen und internationaler Kritik beeindrucken zu lassen? Was sehen diese Menschen in einem oft ungehobelt daherkommenden 65-jährigen Ex-Fußballspieler, dessen Universitätsdiplom wohl gefälscht ist, wie inzwischen selbst AKP-Mitglieder öffentlich eingestehen mussten? Der sich und seine Familie vor aller Augen bereichert und in Ankara in einem protzigen Palast mit mehr als 1200 Zimmern residiert, während laut jüngstem OSZE-Bericht 20 Prozent seiner Bürger weiterhin unter der Armutsgrenze leben? Was eint all jene, die – obwohl sie ja theoretisch über das Internet Zugang zu Informationen und Nachrichten haben – über all das wohlwollend hinwegsehen, weil sie um jeden Preis zu ihrem »Großen Meister« halten und ihn gar freiwillig mit immer noch mehr Macht ausstatten?

Die Tatsache, dass Erdoğan ein *gewählter* Machthaber ist, macht einen Unterschied, der in einem einzigen Wort bestehen mag, aber unseren ganzen Umgang mit der Türkei und ihrer Gesellschaft bestimmen, vielleicht auch vollkommen verändern sollte. Denn er verschiebt den Fokus vom »Führer« auf sein Volk – so wie es auch im Rückblick auf Hitler und Nazideutschland vor langer Zeit schon geschehen ist. Was uns im Rahmen einer langfristig angelegten Türkeistrategie beschäftigen sollte, ist meiner Meinung nach also nicht allein der türkische Präsident, der ohnehin schon viel zu viel Aufmerksamkeit in der deutschen Öffentlichkeit erhalten hat in den letzten Jahren. Es sind vielmehr die Menschen, die hinter ihm stehen. Die folgenden Kapitel sollen deswegen einen tieferen Einblick in die türkische Gesellschaft – ihre Probleme, Komplexe und Träume geben. Insbesondere möchte ich die vielen Motive zusammentragen, die mit dafür verantwortlich sind, dass Millionen von Türken seit nunmehr siebzehn Jahren einen Mann wählen, der nach unseren Maßstäben als Diktator bezeichnet werden darf.

VON WEGEN DUMME BAUERN: DIE ERDOĞAN-ANHÄNGER

Man könnte meinen, auf dem riesigen Platz am Rande Istanbuls stünde eine Fußball-Übertragung der türkischen Nationalmannschaft an: Ein paar schreiende Jugendliche verkaufen rotweiße Schals an die aus Bussen und Autos herausströmenden Menschen, Ordner verteilen kostenlose Türkeifähnchen an jeden, der die Taschen- und Körperkontrolle am Platzeingang passiert, fliegende Händler schieben sich mit Tabletts voller gerösteter Sonnenblumenkerne und Sesamkringel durch das Chaos. Der Grund für den Aufruhr: Präsident Recep Tayyip Erdoğan höchstpersönlich hat seinen Besuch angekündigt. Und mehr als eine Million Anhänger, so werden AKP-nahe Medien später berichten, wollen dabei sein, wenn der sogenannte »Große Meister« zu seinem Volk spricht.

Auf einem umgedrehten Karton mitten im Gewühl sitzt seit dem Vormittag der 65-jährige Ahmet Merkit, der mit viel Pathos in der Stimme ein selbstgeschriebenes Gedicht vorträgt:

Einer, der gerade steht,
sich immer und überall wacker schlägt.
Einer, der sein Wort nie bricht –
Wer bloß ist dieser Heldenmann?
Recep Tayyip Erdoğan!

Einer, der türkische Träume wahr macht.
Einer, der schuftet, Tag und Nacht.
Einer, der die Herzen erobern kann,
Wer bloß ist dieser Heldenmann?
Recep Tayyip Erdoğan![1]

Zwei älteren Damen, die dem Dichter gebannt zuhören, steigen die Tränen in die Augen. »Amen, amen«, raunen sie in ihre Kopftuchzipfel. »Möge der böse Blick unseren Führer auf immer verschonen! Möge Allah lieber unser Leben beenden als seines!«

Auch die anderen Zuhörer sind angetan. Schnell bildet sich eine Menschentraube um den Hobbydichter. Acht Strophen umfasst die Hymne, die er in nächtelanger Arbeit verfasst und für den heutigen Tag 10 000-mal ausgedruckt hat. Für eine Lira, gut zwanzig Cent, verkauft er sein Werk an die umstehenden Erdoğan-Fans. Und davon gibt es genügend hier. Trotz der Sonne, die gnadenlos auf Kopftücher und Gelfrisuren niederbrennt, haben sich, schon Stunden bevor der »Große Meister« per Helikopter eintrifft, Hunderttausende regierungstreue Türken auf dem größten Versammlungsplatz ihres Landes eingefunden. Großfamilien hocken seit dem Morgen mit Thermoskannen und Tupperware auf dem Boden, um sich für später die besten Plätze zu sichern. Kinder mit Erdoğan-T-Shirts und -Stirnbändern rennen aufgedreht durch die Gegend. Ein Moderator, klein wie ein Legomännchen auf der überdimensionalen Bühne, sorgt schreiend und singend für Atmosphäre. Aus riesigen Lautsprechern donnert seine Stimme über den 73 Hektar großen, im Jahr 2014 von Erdoğan selbst eingeweihten Platz. Zum Vergleich: Ein Profifußballfeld misst nicht mal einen Hektar ...

Der 26-jährige Cafer reißt mit Tausenden anderen sein Fähnchen in die Luft, als zum hundertsten Mal der Star des Abends angekündigt wird. »Die Gefühle, die wir für Erdoğan hegen, kann man nicht beschreiben«, brüllt er mit leuchtenden Augen. »Man muss sie leben! Dieser Mann ist anders als alle anderen. Für ihn gehen wir bis in den Tod!« Cafer hat für die heutige Veranstaltung den Sonntagsanzug aus dem Schrank geholt, Bart und Haare beim Friseur sorgfältig stutzen lassen. Seit frühester Jugend engagiert sich der Sohn eines Straßenhändlers in der AKP. Erdoğan, mit seinem polternden Auftreten und seiner einfachen, oft ungehobelten, aber zugleich eingängigen Sprache, ist für Cafer seit 20 Jahren »Führer«, Vorbild und Vaterfigur in einem. »Nehmen Sie eine normale Familie. So wie dort Chaos ausbricht, wenn es keinen starken Vater gibt, so ist es auch in einem Staat«, ist er überzeugt. »Je mehr Macht einer wie Erdoğan deswegen hat, desto besser.«

Auch Metin, der schwer atmend in der Mittagshitze aushält, ist die Begeisterung anzusehen. Für Erdoğans Rede ist der Frührentner extra aus der Hauptstadt Ankara nach Istanbul gereist. »Dank diesem

Mann haben wir in der Türkei in 15 Jahren erreicht, was eigentlich nicht mal in 80 Jahren zu schaffen ist«, schwärmt er mit vor Aufregung zitternder Stimme. »Früher glich allein der Weg von Istanbul nach Ankara einer Weltreise. Heute braucht der Schnellzug keine vier Stunden mehr. Mit 250 km/h rasen wir jetzt quer durch unser großartiges Land!« Rentner Metin kommt bei solchen Geschwindigkeiten selbst in Fahrt. Gemeinsam mit einem Bekannten entrollt er ein mehrere Quadratmeter großes Plakat, das er stolz in die Luft hält. Zu sehen ist der amerikanische Ex-Präsident Obama in, wenn man so will, unterwürfiger Pose, neben ihm ein wie so oft vor Kraft und Stolz strotzender Recep Tayyip Erdoğan. »Die Welt wird uns noch die Hand küssen«, steht in großen Buchstaben darunter. Metin nickt überzeugt:

Europa, Amerika und die ganze Welt beneiden uns schon jetzt um unsere neue Stärke. Plötzlich ist die Türkei der Welt wieder ein Begriff. Wir produzieren unsere eigenen Waffen, eigene Computersoftware, eigene Satelliten ... Deswegen, aus purer Eifersucht, behaupten sie, Erdoğan sei ein Diktator. Aber in Wahrheit ist er ein Gottgesandter, ein Retter!

Wer einmal die Emotionen auf einer Erdoğan-Veranstaltung wie dieser erlebt hat, wird die zahlreichen Gänsehautmomente, die diese Massenevents begleiten, so schnell nicht wieder vergessen. Die Sprechchöre, die Tränen, die Liebeserklärungen ... Gerade deutschen Beobachterinnen ist die völlige Selbstaufgabe, mit der sich viele Türken ihrem »Meister« im wahrsten Sinne des Wortes zu Füßen legen, nicht nur fremd, sondern sie macht auch Angst. Meine Generation ist mit »Führern« wie Helmut Kohl, Gerhard Schröder und Angela Merkel aufgewachsen. Sprechchöre à la »Sag es uns und wir töten, sag es uns und wir sterben« waren und sind hierzulande in den letzten 70 Jahren aus gutem Grund unvorstellbar. In der Türkei dagegen gehören sie gerade in Wahlkampfzeiten fast schon zum Alltag. So polternd, pathetisch oder auch peinlich Erdoğans Auftritte auf westliche Zuschauer wirken mögen – so charismatisch, anziehend und authentisch erscheint der Präsident der Mehrheit seiner Landsleute. Wenn »der Große Meister« vor laufender Kamera den Tod eines syrischen Kindes beweint, dann weinen Millionen mit ihm. Und wenn er wieder einmal mit geballter Faust über seine Kritiker herzieht, dann fragen türkische Frauen eher bewundernd als erschrocken: Kennen wir solche Wutausbrüche nicht auch von unseren Brüdern und Vätern zu Hause? Die doch zugleich alles tun würden, um uns zu beschützen?

Erdoğan ist, das kann man gar nicht oft genug betonen, ein unglaublicher Charismatiker. Er beeindruckt mit seinen Auftritten und Reden immer wieder selbst solche Menschen, die inhaltlich wenig mit seinen Positionen anfangen können. Vielleicht liegt es nicht zuletzt daran, dass viele Erdoğan-Fans auf die Frage, warum genau sie ihm so bedingungslos folgen, gar keine klare Antwort geben können. Für viele seiner Anhänger geht es ganz einfach um ein Gefühl, das jede Logik überlagert und damit auch Argumente von Gegnern ins Leere laufen lässt. Viele Europäer (und übrigens auch viele Türken) glauben auch deswegen nach wie vor, Erdoğan-Wähler seien ausschließlich ungebildete Menschen, während jeder einigermaßen gebildete, großstädtisch sozialisierte Türke den sogenannten Sultan vom Bosporus selbstverständlich ablehnen müsste. Aber so einfach ist es nicht.

Zwar ist der Anteil der Universitätsstudenten, Kulturschaffenden und Intellektuellen bei regierungskritischen Demonstrationen (zum Beispiel im Istanbuler Gezi-Park 2013) auffallend groß. Auch ist es sicher kein Zufall, dass die Kritik am Erdoğan'schen Präsidialsystem vor dem Referendum im April 2017 vor allem aus gebildeten Kreisen kam, von Menschen also, die in der Lage waren, die geplanten Verfassungsänderungen und -texte überhaupt im Detail zu studieren und ihre Konsequenzen zu begreifen, ohne sich vorschnell mit AKP-Kampagnen à la »Ja zu einer stärkeren Türkei« zufriedenzugeben. Trotzdem macht es sich zu leicht, wer glaubt, es lasse sich allein an einem Schulabschluss oder auch Universitätsdiplom festmachen, ob jemand Präsident Erdoğan mag oder nicht. Ich habe in den vergangenen neun Jahren Dutzende Verehrer des türkischen Präsidenten interviewt, die alles andere als ungebildet waren. AKP-Anhänger finden sich auf allen Ebenen der türkischen Gesellschaft.

Es gibt neben Erdoğan-nahen Hausfrauen, Fabrikarbeitern und Ladenbesitzern auch Erdoğan-nahe Feministinnen, Universitätsprofessoren und Journalisten in der Türkei. Es gibt homosexuelle

Fans des Präsidenten und kurdische Ortschaften, die geschlossen hinter ihm stehen. Auch bekennen sich immer wieder berühmte Künstler und Persönlichkeiten offen zu ihrer Begeisterung. All das mit Dummheit, Druck, lukrativen Aufträgen oder auch mit den kostenlosen Kühlschränken und Essenspaketen zu erklären, die die AKP vor Wahlen gern in ärmeren Vierteln verteilen lässt, ist voreilig. Der durchschnittlich eher niedrige Bildungsstand in AKP-nahen Kreisen kann höchstens als ein Grund unter vielen geltend gemacht werden. Daneben aber gibt es zahlreiche weitere, die in Deutschland vielen unbekannt sind.

Ein Blick zurück: Die türkische Demokratie im Jahr 2002

Wer Erdoğans Erfolg verstehen will, der muss sich zunächst mit der Zeit vor seinem Erscheinen auf der politischen Bildfläche der Türkei beschäftigen. Denn wie so oft bei radikalen Reformern seiner Art erschien Erdoğan seinen Landsleuten zunächst wie ein Retter in der Not. Diesen Ruf hat er sich bis heute erhalten.

Parlamentarismus in der Krise

Noch im Jahr 2002 gleicht die türkische Republik einem Nervenbündel. Die gesamten neunziger Jahre waren geprägt vom blutigen Kurdenkonflikt, von der ständigen Angst vor Terroranschlägen, von Streit und Frustration, nicht nur in den kurdisch geprägten Gebieten im Südosten. Überall im Land brodelt es nun unter der Oberfläche – und der Politik fehlen ganz offensichtlich die Antworten. Statt die zahlreichen Probleme der Menschen anzugehen, dreht sich eine ewig gleiche Clique von Regierenden allein um sich selbst und ihre Machtansprüche. Der Bezug zum Volk ist den Mächtigen in Ankara dabei schon lange abhandengekommen, der politische Alltag ist geprägt von internen Streitereien und ständig wechselnden Koalitionen, von denen keine mehr verspricht als die vorangegangene. Die einzige zuverlässige Machtinstanz ist das Militär, das traditionell als unantastbar gilt und immer dann putscht, wenn es das republikanische Erbe Mustafa Kemal Atatürks in Gefahr sieht. Mal sind die politischen Gefängnisse voller linker Türken, mal voller rechter, mal trifft es beide Seiten.

Politisches Engagement ist zunehmend einer kleinen Elite in Ankara oder furchtlosen Krawallmachern vorbehalten. Die große Mehrheit der Menschen hat den Glauben an Parlamentarismus und Demokratie längst verloren – bzw. diese offensichtlich ohne Unterlass zu Streit und Gewalt führende Regierungsform überhaupt gar nicht erst schätzen gelernt. Sie sehnt sich nach Kontinuität und Stabilität (zwei Stichworte, mit denen Präsident Erdoğan übrigens bis heute Wahlen gewinnt und die gerade bei älteren Wählern, die in einem von Chaos und ständiger Putschangst geprägten Land groß geworden sind, auch im Jahr 2020 noch magische Wirkung haben!).

Die Wirtschaft am Boden

Mindestens so sehr wie das Ansehen des parlamentarischen Systems hat auch die Wirtschaft unter den turbulenten Zeiten und den nur noch an sich selbst denkenden Politikern gelitten. Das Land ist im wahrsten Sinne des Wortes kaputtgewirtschaftet, von einem Sozialstaat kann schon lange keine Rede mehr sein. Eine Studie der Union der Industrie- und Handelskammern (TOBB) aus dem Jahr 2001 zeigt, dass die türkischen Politiker in den 1990er Jahren insgesamt 195 Milliarden Dollar verschwendet haben. Das entspricht dem gesamten damaligen Bruttoinlandsprodukt am Bosporus!

Tatsächlich gleicht der Staat längst einem Selbstbedienungsladen, in dem die wenigen Reichen immer reicher, die vielen Armen aber immer ärmer werden. Diejenigen, die der herrschenden Elite angehören und damit an den richtigen Stellen sitzen, bedienen ihre Klientel mit Subventionen, versorgen sie mit Jobs im Staatsapparat oder sorgen dafür, dass sie ohne jegliche Sicherheiten Kredite in Milliardenhöhe von den Staatsbanken erhalten, die zu großen Teilen nie zurückgezahlt werden. Auf der anderen Seite der Gesellschaft dagegen sorgt die rasante Inflation für Existenzängste, die Arbeitslosigkeit steigt ständig.

Doch die leidende Masse findet kein Gehör bei den wenigen Nutznie-
ßern dieser Zustände, die in den gehobenen Vierteln Istanbuls und
Ankaras in Saus und Braus leben. Denn die Gesellschaft ist tief gespalten in sogenannte »Weiße Türken« und »Schwarze Türken« – ein Be-
griffspaar, das der Journalist Ufuk Güldemir und die Soziologin Nilüfer Göle in den neunziger Jahren geprägt haben. Als »weiß« gilt laut
dieser bis heute in der Türkei allseits bekannten Einteilung die urba-
ne Elite, die sich selbst in der Tradition des säkularen, westlich-orien-
tierten Republikgründers Atatürk sieht und – trotz ihrer demogra-
phischen Unterlegenheit – jahrzehntelang die politische, wirtschaftliche und nicht zuletzt auch ideologische Macht in der Türkei besaß.

Was gut war und was nicht, darüber bestimmte dieser relativ
kleine Kreis von Türken, deren Kinder oft an französischsprachigen
Schulen und Universitäten ausgebildet wurden, die zu Hause Opern
oder Klaviermusik hörten und denen die Macht des türkischen Militärs als Hüter der Demokratie heilig war. Im Gegensatz dazu galten
die meist sehr viel ärmeren sogenannten »Schwarzen Türken« mit ihrem Mangel an westlicher Bildung, ihrer sentimentalen Musik (Ara-
beske), ihren arrangierten Ehen und ihren Kopftüchern gemeinhin
als einfaches Volk.

Selbst in Zeiten, in denen die Türkei eine religiös-konservative
Regierung hatte – in denen sich also die tatsächlichen Mehrheitsver-
hältnisse im Volk an der Wahlurne niedergeschlagen hatten –, lag die
eigentliche Macht doch am Ende immer in den Händen der sogenannten »Weißen Türken«. Sei es, weil sie fast das gesamte Kapital im
Land auf sich vereinten, weil sie die Inhalte von Bildungseinrichtun-
gen und Medien bestimmten oder weil sie bis vor wenigen Jahren das
so mächtige Militär dominierten, das von Atatürk noch auf dem Sterbebett damit beauftragt worden war, die säkulare Republik um jeden
Preis zu verteidigen. Das taten die Generäle, indem sie jahrzehntelang jedes Mal putschten, wenn es ihnen ein Ministerpräsident, der
nicht nach ihrem Gusto war, zu weit trieb bzw. wenn ein sogenannter »Schwarzer Türke« zu viel Macht erlangte. Berühmtestes Beispiel
ist bis heute die Absetzung des ersten aus freien Wahlen hervorge-
gangenen Ministerpräsidenten Adnan Menderes, der im Mai 1960
gestürzt und im Jahr darauf gar gehängt wurde.

Ein Großteil der türkischen Bevölkerung fühlte sich deshalb seit Einführung der Demokratie nie wirklich repräsentiert in seinem Land und hatte keinerlei Vertrauen in das, was »die da oben« unter sich ausklüngelten. Im Gegenteil. Der Frust über die eigene Unmündigkeit, die Armut und die ständige Herabwürdigung der eigenen Werte gehörte zu den Geburtsfehlern der türkischen Republik und ist spätestens Anfang des 21. Jahrhunderts auf seinem Höhepunkt angekommen.

Erdoğan und die AKP als Retter in der Not

In dieser politisch, wirtschaftlich und sozial angespannten Situation gründet eine Gruppe islamisch geprägter Politiker rund um Recep Tayyip Erdoğan die Partei für Gerechtigkeit und Entwicklung (*Adalet ve Kalkınma Partisi*, AKP), die das politische Machtvakuum in Ankara füllt. Auch und vor allem als Protestpartei gegen die vorherrschende Cliquenwirtschaft löst die AKP in weiten Teilen der türkischen Gesellschaft Begeisterung aus. Erdoğan, bereits seit 1994 Oberbürgermeister von Istanbul, wird schnell zu einer Art Lichtgestalt des Aufbruchs, der das Land plötzlich erfasst.

Der wütende Junge aus dem Istanbuler Arbeiterstadtteil Kasımpaşa, der endlich Klartext redet, anstatt sich mit hochgestochenem Elite-Türkisch aufzuspielen, der sich in den Straßen seines Viertels hochgekickt bzw. -gekämpft hat und die Wähler vom ersten Tag an als *kardeşler* (›Brüder‹) anspricht, erobert die Herzen im Sturm. Zu den »Schwarzen Türken« zu gehören, klingt aus seinem Mund endlich nicht mehr wie ein Makel, sondern wie etwas Gutes, das seine Anhänger mit Stolz erfüllt. Ebenso wie es für ihn lobenswert ist, seine Frömmigkeit auch in der Öffentlichkeit zu leben – sei es durch das plötzlich selbstbewusst getragene Kopftuch der Frauen oder durch die religiösen Floskeln, die ein Großteil der Türken im Alltag ständig benutzt, die bei den bisher regierenden westlich orientierten Eliten aber verpönt waren.

Aus dem frischen Wind, der die verkrusteten Machtstrukturen nun ins Wanken bringt, wird ein Sturm. Bei den Wahlen am 3. November 2002 gelingt der zum ersten Mal antretenden AKP ein phänomenaler Wahlsieg, mit 34,3 Prozent stellt sie auf Anhieb die Alleinregierung. Von den fünf bisher im Parlament vertretenen Parteien schafft es dagegen keine mehr über die 10-Prozent-Hürde. Damit ist nur die sogenannte Atatürk-Partei CHP mit 19,4 Prozent neben der AKP vertreten. Die von den jahrzehntelang ständig wechselnden Koalitionen, von Kompromissen, Streitereien und Klientelpolitik ermüdeten Türken haben ihre Regierenden beispiellos abgestraft. Da der bei seinen Gegnern schon jetzt als Islamist gefürchtete Recep Tayyip Erdoğan wegen einer Gerichtsentscheidung zunächst kein politisches Amt bekleiden darf, wird ein anderer AKP-Mitgründer, Abdullah Gül, Ministerpräsident. Direkt nach seiner Amtseinführung am 19. November 2002 verspricht Gül: »Jetzt geht es an die Arbeit. Wir werden Tag und Nacht arbeiten, um die Probleme unseres Volkes zu lösen.«

Und tatsächlich ist die AKP von Anfang an so nah dran an ihren Wählern und deren zahlreichen Problemen, wie man es lange nicht erlebt hat in der Türkei. Im Zentrum stehen Themen wie Korruptionsbekämpfung, EU-Beitritt und Wirtschaftsaufschwung. Durch die komfortable Mehrheit im Parlament wird ohne großen Widerstand eine Reform nach der anderen verabschiedet: Die AKP schafft die Todesstrafe ab, erlässt ein neues, sich am Schweizer Vorbild orientierendes Strafgesetzbuch, dämmt (unter dem wohlwollenden Blick der EU) die für einen demokratischen Staat völlig unangemessene Macht des Militärs ein, stärkt die Rechte von ethnischen und religiösen Minderheiten wie Kurden und Armeniern, lockert das Kopftuchverbot etc. Die Belohnung für ihren Reformeifer und den zunächst tatsächlich ungewohnt aufrichtigen Kampf gegen Korruption und Vetternwirtschaft in Ankara folgt bei den Parlamentswahlen von 2007, als die AKP mit 46,6 Prozent einen regelrechten »Erdrutschsieg« einfährt (die CHP erhält 20,9 Prozent, die ultranationalistische MHP 14,3).

Trotz gegenteiliger Prognosen, Massenprotesten und Korruptionsaffären, die wohl jede andere Regierung weltweit die Macht gekostet hätten, hält dieser Erfolg der Erdoğan-Partei im Großen und Ganzen seit ihrem phänomenalen Start an: Bei den Parlamentswahlen im Jahr 2011 steigert die AKP ihr Ergebnis noch einmal und verfehlt mit 49,8 Prozent sogar nur knapp die magische 50-Prozent-Marke. Im Juni 2015 folgt mit immerhin noch 40,9 das bislang schlechteste Ergebnis, das bei den äußerst umstrittenen Neuwahlen im

November des gleichen Jahres allerdings gleich wieder deutlich korrigiert wird: 49,5 Prozent für die AKP heißt am Ende das amtliche Ergebnis. Und auch im Jahr 2018, als Massenverhaftungen und Wirtschaftsflaute bereits zum Alltag gehören, reicht es erneut für 42,6 Prozent.

Selbstverständlich ist es kein Geheimnis, dass die meisten dieser Ergebnisse von oppositionellen Türken angezweifelt wurden. Dabei geht es nicht nur um die vor allem in den sozialen Medien kursierenden Gerüchte direkten Wahlbetrugs, sondern auch um die Frage, ob in der Türkei überhaupt noch von freien Wahlen gesprochen werden kann. Allein die Tatsache, dass ein Großteil der Medien direkt oder indirekt unter dem Einfluss enger Erdoğan-Vertrauter steht und dementsprechend praktisch nur noch regierungstreue Stimmen darin zu Wort kommen, spricht dafür. Hinzu kommt, dass in der Vergangenheit immer wieder Oppositionsanhänger und -politiker bedroht oder auch inhaftiert wurden – allen voran der Co-Vorsitzende der pro-kurdischen HDP Selahattin Demirtaş. Der einst als »Kurdish Obama« (*The Guardian*) gefeierte 46-Jährige sitzt seit November 2016 in einem Hochsicherheitsgefängnis in der nordtürkischen Stadt Edirne. Auch der Umstand, dass man nach Hunderttausenden Verhaftungen seit dem Putschversuch vom Juli 2016 inzwischen von einer Atmosphäre der Angst in der Erdoğan-kritischen Bevölkerung sprechen muss, schließt die Adjektive ›frei‹ und ›fair‹ für türkische Wahlen eigentlich kategorisch aus.

Trotz alledem aber irrt gewaltig, wer denkt, Erdoğans Wahlsiege seien allein erschlichen und erlogen. Wer sich in der eher konservativen Bevölkerung und jenseits der typischen Istanbuler Intellektuellenkreise umhört, der stößt weiter auf leuchtende Augen und inbrünstige Überzeugung, sobald der Name des Präsidenten fällt. Umfragen deuten darauf hin, dass er auch morgen wieder eine Wahl gewinnen würde. Neben dem ihm eigenen Charisma und der eben beschriebenen politischen Situation vor der Gründung der AKP lassen sich in meinen Augen fünf Hauptgründe für diese einmalige und inzwischen seit siebzehn Jahren anhaltende Erfolgsgeschichte ausmachen.

Religion

Ein Thema begleitete Erdoğans kometenhaften Aufstieg von Anfang an und ist bis heute überall dort, wo seine Stimme ertönt oder seine Anhänger zusammenkommen, präsent: der sunnitische Islam. Vom Beginn seiner politischen Karriere an konnte jeder sehen (und hören), dass mit Recep Tayyip Erdoğan ein Mann an die Macht strebte, bei dessen Erziehung das Wort des Imams immer schon mehr gezählt hatte als das der damals noch betont säkularen Politiker und Generäle in Ankara. Und nicht zuletzt spricht seine politische Vergangenheit in der islamistischen »Tugendpartei« für sich. Im Dezember 1997 zitierte Erdoğan als Jungpolitiker aus einem religiösen Gedicht des Dichters Ziya Gökalp die folgenden, längst auch im Westen berühmt-berüchtigten Zeilen:

Die Demokratie ist nur der Zug, auf den wir aufsteigen, bis wir am Ziel sind. Die Moscheen sind unsere Kasernen, die Minarette unsere Bajonette, die Kuppeln unsere Helme und die Gläubigen unsere Soldaten.

Die Bestrafung folgte umgehend. Erdoğan wurde wegen Volksverhetzung zu 10 Monaten Haft und zu einem lebenslangen Politikverbot verurteilt, welches später durch eine Gesetzesänderung aufgehoben wurde. Nach nur vier Monaten entließ man ihn 1999 außerdem vorzeitig aus dem Gefängnis. Ausgerechnet die Demokratie und ihre Institutionen hatten ihn gerettet. Doch der Stempel des Islamisten ließ sich für viele säkular gesinnte Türken nie wieder von ihrem späteren Ministerpräsidenten entfernen. Auch nicht, als er die 2001 wegen ihrer Dschihad-Sympathien verbotene Tugendpartei verließ und gemeinsam mit anderen die von Anfang an moderat auftretende AKP gründete. In deren Parteiprogramm findet sich zwar bewusst kein einziger Verweis auf den Islam – und wie um es allen recht zu machen, betonte schon der frischgebackene Ministerpräsident Erdoğan gern: »Mein persönlicher Referenzrahmen ist der Islam, mein politischer Referenzrahmen hingegen sind die Verfassung und die demokratischen Prinzipien.« Doch das Misstrauen unter seinen Gegnern war und ist groß.

Zugleich ist und bleibt Erdoğan für Millionen von Türken der Retter, auf den sie so lange gewartet haben, und zwar nicht trotz, sondern gerade wegen seiner frommen Ansichten und Entscheidungen. Fromme Muslime, die durch die teilweise radikalen Reformen des westlich orientierten Republikgründers Mustafa Kemal Atatürk ihre Religion jahrzehntelang praktisch nicht öffentlich hatten ausleben dürfen, betonen bis heute bei jeder Gelegenheit, welche Bedeutung Erdoğans Machtantritt für ihr Leben hatte.

So geschieht es auch auf dem riesigen Versammlungsplatz am Rande Istanbuls, auf dem an einem Sonntagmittag bei brütender Sommerhitze Hunderttausende auf den Auftritt ihres »Großen Meisters« warten. Mustafa, der schwitzend mit seiner Familie im Gedränge steht, ist überzeugt: Wer Allah liebt, der muss auch Recep Tayyip Erdoğan wählen. »Erdoğan und die AKP sind in unserem Blut, sie fließen in unseren Adern«, schwärmt der Mann, der seit kurzem Großvater ist. Mit der Handykamera hält er jeden Moment der Veranstaltung für den drei Monate alten Enkel fest, der unbeeindruckt vom Lärm auf dem Arm seiner Mutter schläft. Dann zeigt Mustafa mit dem Finger auf seine jüngste Tochter: »Sie ist jetzt auf der Universität. Trotz Kopftuch!«, strahlt er. »Erdoğan hat dafür gesorgt, dass wir unseren Glauben endlich frei leben dürfen. Dafür werden wir ihm ewig dankbar sein.«

Da ist es wieder, das berühmte Stück Stoff. Kaum ein anderes Thema symbolisiert den Aufstieg Erdoğans besser als der im Jahr 2008 gewonnene Streit um das bis dahin bestehende Kopftuchverbot an Universitäten, der in den Folgejahren auch in Bezug auf andere öffentliche Einrichtungen wie Gerichte, Schulen und sogar Parlamente ausgefochten wurde. Kein Wunder eigentlich in einem Land, dessen Bevölkerung sich zwar zu über 90 Prozent als muslimisch bezeichnet – in dem verschleierte Frauen aber über Jahrzehnte hinweg weitgehend von Beruf und Bildung ausgeschlossen waren, seit ihr Republikgründer Mustafa Kemal Atatürk in den 1930er Jahren beschlossen hatte, aus der Türkei einen säkularen, westlich orientierten Staat zu machen.

Die Erniedrigung, die die 19-jährige Deutschstudentin Hümeyra empfand, die ich kurz vor der Aufhebung des Kopftuchverbots noch auf die Toilette der Universität Istanbul begleiten durfte, werde ich nie vergessen. Hümeyra und andere eigentlich kopftuchtragende Mädchen verschwanden dort jeden Tag vor Vorlesungsbeginn, um verschämt ihre Kopftücher abzunehmen und teilweise gegen Perücken einzutauschen, die dann stattdessen ihr echtes Haar bedecken sollten. Ansonsten war es ihnen nicht erlaubt, das Unigebäude zu betreten – geschweige denn, an den Vorlesungen teilzunehmen. Dozentinnen oder gar Professorinnen mit Kopftuch waren selbstverständlich völlig undenkbar. Und auch für Hümeyra und ihre Kommilitoninnen stand eigentlich fest, dass sie kaum jemals in gut bezahlten akademischen Berufen würden arbeiten können. Im besten Fall blieb ihnen ein Bürojob.

Denn obwohl das Kopftuch in der Privatwirtschaft nicht verboten war, war es auch dort so verpönt, dass keine Firma ihre Kunden mit einer kopftuchtragenden Mitarbeiterin verschrecken wollte. Höchstens als Putzfrauen und Küchenhilfen waren fromme Türkinnen damals geduldet. Kein Wunder, dass der Großteil von ihnen gar nicht erst versuchte, unter diesen Umständen berufstätig zu sein. Die Entscheidung hieß damals: Kopftuch oder Karriere. Auch heute, da selbst säkulare Türken sich längst an Kopftücher in Beamtenstuben und Nachrichtensendungen gewöhnt haben, appelliert Erdoğan deswegen gern an die religiösen Gefühle seiner Anhänger, schmückt seine Reden gezielt mit den Floskeln eines Tiefgläubigen oder winkt Gesetze durch, die ihn als solchen dastehen lassen. Er weiß, dass er damit bei den vielen frommen Türken die Erinnerung an das wachhält, was am Bosporus lange Zeit Alltag war – und damit zugleich seinen eigenen Erfolg immer wieder legitimiert.

Vorbild Iran?

Ausgiebig und hitzig ist deswegen in den letzten Jahren über die eine Frage gestritten worden: Ist Erdoğan nun ein Islamist oder ist er es nicht? Hätte Europa gewarnt sein müssen, als es ihn anfangs sogar noch dabei unterstützte, die Macht des bis dahin unantastbaren Militärs einzudämmen – und damit vielleicht die letzte wirkliche Hürde auf dem Weg zum Religionsstaat aus dem Weg zu räumen? Ja, glauben bekennende Erdoğan-Gegner wie die Istanbuler Schriftstellerin Ece Temelkuran. Sie und viele andere warnten von Anfang an vor dem Mann, der seine Religiosität so offen zur Schau stellte. Die Bestsellerautorin Temelkuran,² die seit 2016 im selbstgewählten Exil in Zagreb lebt und schreibt, kritisiert deswegen in ihren Artikeln und Büchern nicht nur die eigenen Landsleute, sondern vor allem auch die Europäer regelmäßig für die Gutgläubigkeit, die sie Erdoğan lange entgegengebracht haben, anstatt auf Kritiker wie sie zu hören. Für Temelkuran und viele andere war Recep Tayyip Erdoğan immer schon ein Islamist, seine »angeblich perfekte Ehe von Islam und Demokratie« sei von Anfang an eine Lüge gewesen. Und nicht nur im eigenen Land unterstellen ihm Kritiker bis heute gern eine heimliche islamistische Agenda. Die deutsche Linken-Politikerin Sevim Dağdelen behauptet in ihrem jüngsten Buch gar, die AKP wollte von Anfang die Scharia in der Türkei einführen, habe das nur immer gut zu verstecken gewusst.³

Wer solche Dinge behauptet, der muss allerdings auch die Frage beantworten können: Wenn er ein angeblich so überzeugter Islamist ist, warum hat Erdoğan die Türkei dann immer noch nicht in einen Scharia-Staat oder eine islamische Republik nach iranischem Vorbild verwandelt? Worauf wartet der Mann nach ganzen siebzehn Jahren im Amt, der inzwischen keine ernstzunehmenden Gegenspieler mehr hat? Warum, wenn das sein Ziel sein sollte, herrschen am Bosporus heute weder Kopftuchzwang noch generelles Alkoholverbot oder gar die Scharia?

Natürlich bemerkt jeder, der die Entwicklung der Türkei in den Jahren seit Erdoğans Machtantritt verfolgt, eine Art ›schleichende‹ Islamisierung des öffentlichen Raums. Die Zahl der Kopftücher mag genauso wie die der Moscheen gestiegen, das Budget der staatlichen Religionsbehörde gar explodiert sein. Auch die drastischen Steuererhöhungen auf Alkohol und Zigaretten können manch einem als eindeutiges Zeichen für den angeblich islamistischen Kurs der AKP dienen. Aber jeder, der einmal dort war, weiß auch, dass man in Istanbul weiterhin wunderbar ausgehen kann und dass gerade die Region um Izmir für ihre feuchtfröhlichen Rakı-Tafeln berühmt ist. Erdoğan mag das nicht gefallen, aber er verbietet es auch nicht. Ist das wirklich die Art, nach der ein »Haudraufpolitiker« wie er sein Land in eine religiöse Diktatur verwandeln würde?

Kein Zweifel: Erdoğan nutzt die Religion seit dem ersten Tag seines politischen Engagements für seine Zwecke. In praktisch jeder seiner Reden findet sich ein Bezug auf den Islam oder auf Allah. Religiöse Debatten werden von ihm nicht nur nie unkommentiert gelassen, sondern immer wieder auch ganz gezielt und nicht selten provokant angestoßen. Allerdings dient dem Präsidenten das Thema Religion in meinen Augen eher als ein Marketinginstrument, um sich und seiner Regierung Kontur zu verleihen und die Mehrheit der traditionell religiös gesinnten türkischen Gesellschaft hinter sich zu bringen. Sei es durch symbolträchtige Megamoscheen, wie die jüngst eröffnete Çamlıca-Moschee in Istanbul mit ihren vier rekordverdächtig hohen Minaretten, oder durch einen wie zufällig wirkenden Auftritt, eine kleine Geste, eine Bemerkung.

»Wir möchten eine religiöse Jugend heranziehen«, erklärte er zum Schrecken seiner Gegner im Jahr 2012 in einer Talkshow. Ein Satz, der eine wochenlange landesweite Debatte zwischen säkularen und offen religiösen Türken nach sich zog. Nur zwei Jahre später dann folgte sein verbaler Feldzug gegen gemischtgeschlechtliche Wohngemeinschaften. Erdoğan sinnierte öffentlich: »Es ist schließlich bestens bekannt, was dort vor sich geht. Alles kann passieren! Als eine konservative, demokratische Regierung müssen wir hier eingreifen!«

In Wohngemeinschaften eingreifen? Es kam, wie es kommen musste in einem Land, in dem manche junge Frauen sich abends betrinken, während ihre Altersgenossinnen nebenan allein das Haus nicht verlassen; in dem die einen dem Republikgründer Atatürk huldigen, der bekanntlich den Alkohol und die Frauen liebte, bis er im Alter von 57 Jahren an einer Leberzirrhose starb – während die anderen jubeln, wenn ihr geliebter Präsident den Trinkjoghurt Ayran zum Nationalgetränk der Türken erklärt. Tagelang bestimmte die Wohnsituation der Studenten die öffentliche Debatte in der Türkei. Von Islamismus und Stasimethoden sprachen die einen, von religiösem Werteerhalt und nationaler Moral die anderen.

Genau wie bei seinen öffentlichen Bemerkungen zu Abtreibungsverboten oder zum Alkoholkonsum war Erdoğan dabei auch diesmal sowohl im In- als auch im Ausland vor allem eines sicher: die allgemeine Aufmerksamkeit! »Als gläubige Muslimin würde ich die Rede des Ministerpräsidenten sofort unterschreiben ...«, verkündete etwa die regierungstreue Schriftstellerin Sevda Türküsev kurz nach Erdoğans vielbeachteter Rede im Fernsehen. »Weil es sündhaft ist, wenn unverheiratete Männer und Frauen gemeinsam wohnen! Da entstehen emotionale und sogar körperliche Beziehungen. In den letzten Jahren hat unsere Gesellschaft im Namen der Moderne ein Stadium erreicht, in dem nur noch Chaos herrscht.«

Säkulare Türken und auch westliche Medien zeigten sich angesichts solcher Kommentare nur noch schockierter. Und übersahen dabei vielleicht, dass vergleichbaren Reden Erdoğans bisher nur in den allerseltensten Fällen auch Taten gefolgt waren. Auch in diesem Fall wurde bis heute kein Gesetz eingebracht, um unverheirateten Türken oder Studenten das Zusammenleben zu verbieten. Und auch die Alkoholbeschränkungen in der Türkei sind trotz aller Verschärfungen, trotz Steuererhöhungen und Verkaufsverbot nach 22 Uhr, nach wie vor liberaler als in vielen skandinavischen Ländern oder den USA.

In diesem Sinne ist und bleibt das Land also weit davon entfernt, sich in einen Religionsstaat à la Iran zu verwandeln. Auch von einem waschechten Islamisten an der Spitze würde ich nach wie vor nicht sprechen wollen. Richtig ist aber, dass Recep Tayyip Erdoğan die Religion in einem Land, in dem sich immerhin mehr als 90 Prozent der Menschen als gläubig bezeichnen, von Anfang an besonders clever einzusetzen wusste. Sie ist für ihn eines der wichtigsten Instrumente seiner Macht.

Während der Gezi-Proteste im Sommer 2013 ließ sich das taktische Spiel mit der Religion fast täglich beobachten. Die Demonstranten würden »die Religion mit Füßen treten« und die Gefühle ihrer gläubigen Landsleute missachten, schimpfte der Ministerpräsident damals wieder und wieder im türkischen Fernsehen: »Sie haben die Dolmabahçe-Moschee mit Schuhen betreten, dort Alkohol getrunken ... Und nicht nur das. Sie attackieren meine verhüllten Mädchen, meine kopftuchtragenden Schwestern!«

Tatsächlich stimmte nichts von alldem. Kopftuchtragende Demonstrantinnen meldeten sich zu Wort, um das Gerücht von einer antireligiösen Stimmung im Gezi-Park zu widerlegen. Und der Imam der Moschee, in der angeblich Alkohol getrunken worden war, konnte sich auch nach sechsstündiger Befragung an keinen solchen Vorfall erinnern. Doch die Wahrheit spielte da längst keine Rolle mehr. Die Stimmung war bereits hochgekocht, und Erdoğan hatte sein Ziel wieder einmal erreicht: Für seine Anhänger war Gezi zum Kampf der Ungläubigen gegen sie, die Frommen, geworden. Um sich zu wehren, mussten sie sich hinter ihrem Anführer Erdoğan vereinen. Die Strategie ging auf: Massenproteste mit mehr als sechs Millionen Teilnehmern hätten wohl jeden anderen Politiker irgendwann zu Fall gebracht. Erdoğan aber blieb auch nach Gezi im Amt und konnte seine Macht sogar noch deutlich ausbauen. Bis heute sehen seine Anhänger den Sommer 2013 als eine Art erfolgreich abgewendeten Putschversuch der Säkularen gegen ihren Anführer.

Der türkische Präsident, das zeigen diese Beispiele, mag ein religiös denkender Mensch sein. Er mag fünf Mal am Tag sein Gebet verrichten und im Ramadan pflichtbewusst fasten. Vor allem aber ist er ein hervorragender Machtpolitiker. Ein Spieler. Dass bekennende türkische Islamisten die Politik der AKP meist ablehnen und stattdessen zum Beispiel die offen islamistische Saadet-Partei wählen (Ergebnis bei der Parlamentswahl 2018: 1,3 Prozent), untermauert die Annahme, dass Erdoğan und seine Vertrauten keine echten Islamisten sind.

Wirtschaft

Mindestens so sehr wie das Thema Religion hat der türkische Wirtschaftsaufschwung Erdoğan von Anfang an Rückenwind verschafft. Selbst für viele seine Gegner gilt der heutige Präsident als der Verantwortliche dafür, dass sich das türkische Durchschnittseinkommen in nur zehn Jahren mehr als verdreifacht hat. Dass dieser Aufschwung eigentlich bereits vor dem Auftauchen der AKP eingeleitet worden war, ist bei vielen Türken in Vergessenheit geraten. In Wahrheit hat zunächst nicht etwa Erdoğan, sondern der ehemalige Weltbankökonom Kemal Derviş das heruntergewirtschaftete Land ab 2001 durch die strikte Umsetzung der vom Internationalen Währungsfonds (IWF) geforderten Reformen vor dem vollständigen Kollaps bewahrt. Der damals parteilose Sozialdemokrat privatisierte zuerst gegen alle Widerstände einen Großteil der Staatsbanken und machte damit der Selbstbedienung vieler herrschender Politiker ein

Ende. Auch sorgte er als sogenannter »Superminister« für echte Autonomie der Zentralbank und schuf eine unabhängige Bankaufsichtsbehörde. Oberstes Ziel des international anerkannten Experten Kemal Derviş war es, nicht nur kurzfristig die Zahlungsfähigkeit wiederherzustellen, um neues Vertrauen auch bei ausländischen Investoren zu gewinnen und die türkischen Märkte zu reformieren, sondern vor allem auch langfristig für eine klare Trennung zwischen Politik und Wirtschaft zu sorgen. Mit Erfolg: Im Frühjahr 2013 zahlte die Türkei ihre letzte Schuldenrate an den Internationalen Währungsfonds zurück und stand damit endgültig wieder auf eigenen Füßen.

Das schaffte sie wie gesagt nicht nur, aber auch dank der Wirtschaftspolitik der AKP. Erdoğan und seine Regierung hatten nach ihrem Wahlsieg 2002 den von Kemal Derviş eingeschlagenen Weg weiterverfolgt, um die eben noch völlig abgeschlagene und hochverschuldete Türkei Stück für Stück in den erlauchten Kreis der zwanzig größten Wirtschaftsnationen der Welt zu führen. Türkische Produkte wurden unter der AKP-Regierung weit über die eigenen Landesgrenzen hinaus bekannt und beliebt. Vor allem im Nahen Osten, aber auch in vielen afrikanischen Ländern gehören Schokoriegel, Babynahrung und Kaffee des Istanbuler Lebensmittelriesen Ülker, aber auch Fernseher und Kühlschränke von türkischen Herstellern wie Arçelik und Vestel zum Alltag der Menschen.

Erdoğans immer wieder erklärtes Ziel, sein Land bis 2023 – also bis zum 100-jährigen Geburtstag der Türkischen Republik – unter die Top-Ten-Wirtschaftsnationen der Welt zu bringen, schien lange zum Greifen nah. Das bescherte ihm die Anerkennung selbst derjenigen, die ihm und der AKP ansonsten vielleicht weniger nahstanden. Dabei verstand Erdoğan es wie kaum ein anderer Politiker vor ihm, seinen Landsleuten das Gefühl zu geben, selbst direkt am Aufstieg ihres Landes beteiligt zu sein. Der Spruch »Wenn die Türkei groß ist, dann bist du es auch«, war und ist unter Erdoğan-Anhängern allgegenwärtig.

Kehren wir zurück auf den Versammlungsplatz im Istanbuler Yenikapı, auf dem Hunderttausende AKP-Anhänger ungeduldig auf die Rede ihres »Großen Meisters« warten. Die Sonne brennt inzwischen gnadenlos, schattenspendende Bäume gibt es auf dem riesigen Areal nicht. Niemand weiß, ob der Präsident heute überhaupt noch erscheinen wird. Doch Aufgeben kommt für seine im wahrsten Sinne des Wortes glühenden Verehrer nicht in Frage. »Er gibt jeden Tag alles für uns und unser Land«, schwärmt eine junge Frau. »Wie können wir uns da über das bisschen Hitze beklagen?« Rentner Metin nickt zustimmend. Auch er ist vor allem aus einem Grund hier: aus Dankbarkeit. Dankbar ist er der AKP zum Beispiel für die modernen Hochhäuser, die in den letzten Jahren überall im Land wie Pilze aus dem Boden geschossen sind und in denen selbst einfache Bürger wie er nun eine Wohnung samt Flachbildfernseher und Internetanschluss gefunden haben.

Zahlreiche von der AKP angestoßene Wohnungsbau- und Kreditprogramme haben aus sparsamen Mietern wie Metin in den letzten Jahren stolze Eigentümer gemacht. Mehr als 50 Prozent der Bevölkerung sind inzwischen Wohnungsbesitzer. Möglich macht das allen voran die staatliche Wohnungsbaugesellschaft Toki, die überall im Land (unter höchst fragwürdigen sozialen, wettbewerbspolitischen und ökologischen Umständen) ganze Trabantenstädte mit insgesamt mehr als 650 000 Eigentumswohnungen aus dem Boden gestampft hat. Dazu kommen die neuen Autobahnen, das kostenlose Gesundheitssystem, die mehr als 120 hochmodernen Shoppingmalls allein in Istanbul, die rasant wachsende Zahl der Universitäten ...

Rentner Metin gehört zu einer Generation von Türken, die sich noch gut an andere Zeiten erinnern kann. Zeiten, in denen die türkischen Straßen Schotterpisten waren, während die Dörfer und Kleinstädte Armenhäusern glichen. Metin war zwar – wie übrigens ein Großteil seiner Landsleute – selbst nie im Ausland, hat seinen Wohnungskredit noch lange nicht abbezahlt und ist als pensionierter Automechaniker alles andere als reich. Doch das Wirtschaftswachstum der zurückliegenden Jahre und vor allem die Art, wie es von seiner Regierung dargestellt wird, gibt ihm und vielen anderen das Gefühl, selbst auf dem Weg nach ganz oben zu sein.

Kaum ein Tag vergeht deswegen, an dem die türkischen Fernseh-zuschauer von ihrem Präsidenten nicht an die von ihm selbst als »verrückte Projekte« bezeichneten Rekordbauten und die damit scheinbar wachsende Bedeutung der Türkei erinnert werden: Der 2013 – pünktlich zum 90-jährigen Bestehen der Republik – eröffnete Marmaray-Bahntunnel unter dem Bosporus ist der weltweit erste interkontinentale Metrotunnel. Über Wasser bricht die dritte Bosporusbrücke Rekorde: Ihre 322 Meter hohen Pfeiler sollen die höchsten der Welt sein, mit 1408 Metern Länge wird sie den stolzen Türken außerdem als längste Eisenbahnhängebrücke der Welt angepriesen. Und auch der 2018 eröffnete dritte Istanbuler Flughafen gehört in diese Aufzählung. Mit mehr als 150 Millionen Passagierabfertigungen jährlich soll er schon bald der größte Airport aller Zeiten sein.

›Größer, schneller, weiter‹, heißt die Botschaft, mit der Erdoğan seine Anhänger bei jeder Gelegenheit berauscht. Die aktuelle Rezession hin oder her: Auch der schon lange geplante »Kanal Istanbul« – eine Art künstlicher zweiter Bosporus, der das Original entlasten und mehr Bürgern den Luxus einer Wohnung in Ufernähe bescheren soll – wird kommen, das hat Erdoğan versprochen. Umweltbedenken spielen dabei wie bei den vielen anderen Megaprojekten keine Rolle. Wer es wagt, sie dennoch zu äußern, wird als Verräter gebrandmarkt. Die Türkei und ihre Bewohner, so sind fast alle Erdoğan-Anhänger überzeugt, wären wirtschaftlich wie politisch längst an der Weltspitze, würden neidische ausländische Mächte sie nicht von dort fernhalten. Doch dazu später mehr.

Die Anatolischen Tiger

Sinnbildlich für das unter Erdoğan gewachsene türkische Selbstbewusstsein stehen neben den angesprochenen Megaprojekten auch die sogenannten Anatolischen Tiger. Noch vor zwanzig Jahren wäre niemand darauf gekommen, den wenig entwickelten Südosten der Türkei mit wirtschaftlichem Erfolg, mit Aufstieg und Führungsanspruch in Verbindung zu bringen. Und doch kommen heute viele der erfolgreichsten türkischen Unternehmer genau von dort. Einer von ihnen ist Mustafa Karaduman, Inhaber der erfolgreichen Modemarke Tekbir, die sich auf islamische Kleidung spezialisiert hat. Eine dezent süßliche Parfümwolke begleitet den bärtigen Unternehmer, wenn er zurückhaltend, fast schüchtern, durch die langen Produktionshallen seiner Istanbuler Firma spaziert – vorbei an bügelnden, zuschneidenden, nähenden Arbeitern. Mustafa Karadumans breite Hände und Schultern gleichen eher denen seiner 500 Fabrikangestellten als denen eines typischen Managers. Eine Tatsache, die ihn mit Stolz erfüllt:

Mein Vater lebte mit uns in Malatya, in Südostanatolien. Ich habe in Istanbul völlig allein als Helfer angefangen und dann als Bügler, als Mechaniker und schließlich als Designer gearbeitet. 1982 haben wir selbst mit der Produktion begonnen.

Mit der Zeit wurden so aus dem Dorfjungen Mustafa und seinen sieben Brüdern die Inhaber von Tekbir, einem der weltweit führenden Hersteller von islamischer Mode. Dem »Chanel der frommen Muslime«, wie türkische Medien die auch in Deutschland und Europa erfolgreiche Marke gern betiteln. Karaduman blickt sich zufrieden in seiner modernen Fabrikhalle um. Nicht nur die Mode, auch die Arbeitsbedingungen hier orientieren sich an den Regeln des Korans. Tekbir-Mitarbeiter dürfen während der Arbeitszeit selbstverständlich in den fabrikeigenen Gebetsraum gehen, um fünfmal am Tag zu beten – so wie der Chef selbst es auch tut. Das Mittagessen für alle Angestellten ist kostenlos, und wer Hilfe braucht, der bekommt sie nach Möglichkeit auch. »Der Islam ist der Bezugspunkt in allen Bereichen meines Lebens«, sagt Karaduman:

Wenn ich TV-Produzent wäre, dann würde ich islamische Programme produzieren. Wenn ich Journalist wäre, würde ich islamische Artikel schreiben, und wenn ich ein Buch schreiben würde, dann wäre es ein islamisches Buch. Aber ich arbeite im Textilsektor, und hier kann ich meinem Glauben dienen, indem ich islamische Mode produziere.

Karaduman bleibt vor einem Kleiderständer mit rubinroten, knöchellangen Mänteln stehen, lässt die rechte Hand zärtlich über die teuren Stoffe gleiten. Seit über dreißig Jahren ist Tekbir die erste Adresse für die wohlhabende, muslimische Türkin. Emine Erdoğan, die Gattin des Präsidenten, gehört ebenso zu den Stammkundinnen wie einige der frommen Sängerinnen und Schauspielerinnen des Landes. Mit Schleiern, Mänteln und Ganzkörperbadeanzügen – mit teuren Stoffen, ausgewählten Accessoires und modischen Schnitten werden bei Tekbir jährlich Millionen umgesetzt. »Wir haben den traditionell osmanischen Stil und unseren Glauben mit den modernen Linien und innovativsten Technologien von heute verbunden«, erklärt Karaduman. »So haben wir einen neuen Stil kreiert und gleichzeitig unsere alten Traditionen bewahrt.«

Glaube, Traditionsbewusstsein, Fleiß und Fortschritt – so lässt sich das Rezept zusammenfassen, mit dem sich die lange als hinterwäldlerisch und unterentwickelt abgestempelten anatolischen Geschäftsleute in die höchsten Kreise der türkischen Wirtschaft vorgearbeitet haben. Dorthin, wo seit Republikgründer Kemal Atatürk eigentlich nur die sogenannten »Weißen Türken« das Sagen hatten, westlich sozialisierte Unternehmer, deren Gattinnen Dekolleté statt Kopftuch trugen und nicht selten selbst in der Geschäftsführung eine Rolle spielten. Doch den Zeiten, in denen sich fromme Familien wie die Karadumans minderwertig fühlen mussten, haben Erdoğan und seine AKP schon lange ein Ende gesetzt.

Nicht nur Moscheen – auch Universitäten, Zeitungen und Fernsehsender haben die »Anatolischen Tiger« inzwischen unter den wohlwollenden Blicken des Präsidenten gegründet. Ihrer Loyalität kann er sich sicher sein. Kein Wunder, dass er sie von Beginn an gefördert hat. Der kritische Istanbuler Politikjournalist und Autor Ruşen Çakir resümiert: »Ohne die Wirtschaft, ohne die ökonomische Unterstützung einiger Unternehmer und ohne die wirtschaftliche Mobilisierung der Massen hätte die Islamische Bewegung nicht ihre heutige politische Macht erlangt.«

Die fetten Jahre sind vorbei

Zwar gehören Smartphones und Internetanschluss längst genauso selbstverständlich zum Alltag der Türken wie gezuckerter Çay und Sesamkringel, doch inzwischen stagniert das türkische Wirtschaftswachstum bekanntlich. Schlimmer noch: Seit Ende 2018 muss man offiziell von einer Rezession in der Türkei sprechen. Im letzten Quartal 2018 schrumpfte die Wirtschaftsleistung um 2,4 Prozent. Gleichzeitig stieg die Arbeitslosenquote auf 13,5 Prozent (Stand Dezember 2018) und damit auf den höchsten Wert seit 2010. Inoffiziell dürfte sie noch weit höher liegen. Die Preise in den Supermärkten sind darüber hinaus binnen weniger Monate so stark angestiegen, dass die AKP kurz vor den Kommunalwahlen im März 2019 sogar staatlich subventioniertes Gemüse auf Istanbuls Plätzen verkaufen ließ. Die hohe Inflationsrate von über 20 Prozent im Frühjahr 2019 konnte das jedoch nicht beschönigen.

Zahlreiche ausländische Investoren haben sich nach den Terroranschlägen, dem Putschversuch und den verbalen Ausfällen von Präsident Erdoğan in den letzten Jahren aus dem einst so vielversprechenden Türkeigeschäft zurückgezogen. Die Tourismusbranche lahmt trotz leichter Erholung weiterhin, der Bausektor – ein ganzes Jahrzehnt lang Rückgrat und Motor der türkischen Wirtschaft – steht laut kritischen Beobachtern kurz vor dem Kollaps und die private Verschuldung der Bürger bricht immer neue Rekorde ...

Steht also das Ende des Erfolgs der AKP bevor? Viele Beobachter hatten genau das immer vorausgesagt. »Wie lange sich die AK-Parti an der Regierung halten kann, wird von der wirtschaftlichen Entwicklung abhängen«, schrieb zum Beispiel der langjährige *FAZ*-Korrespondent Rainer Herrmann in seinem Buch *Wohin geht die türkische Gesellschaft?*.[4] Fast zwölf Jahre sind seitdem vergangen. Aus der aufblühenden, vielversprechenden Türkei, die Herrmann damals noch voller Euphorie (auch für ihren Ministerpräsidenten Recep Tayyip Erdoğan) beschrieb, ist ein krisengeschütteltes Land mit einer von internationalen Ratingagenturen auf Ramschniveau herabgestuften Währung geworden.

Doch das Erstaunliche ist: Obwohl viele Türken inzwischen um ihre Jobs fürchten oder diese bereits verloren haben, obwohl die Preise weiter steigen und zahlreiche Menschen vor dem finanziellen Ruin stehen, weil sie ihre Kredite nicht mehr bedienen können, ist ein unmittelbares Ende der Erdoğan-Ära nicht in Sicht. Die AKP mag bei den Kommunalwahlen vom 31. März 2019 Stimmen verloren haben. Dennoch liegt ihr Stimmenanteil noch weit über dem, was deutsche Volksparteien erwarten können. Das mag auch daran liegen, dass der Präsident längst vorausgeplant hat. Schon bevor der Verfall der türkischen Wirtschaft allzu sichtbar wurde, hat er ein anderes Thema immer mehr ins Zentrum seiner Politik gerückt und viele Bürger damit erfolgreich von den finanziellen Nöten des Landes abgelenkt: die vermeintlichen Feinde der Türkei.

Das Spiel mit der Angst

Die AKP, die inhaltlich (vor allem wirtschaftlich) nicht mehr viel zu versprechen hatte, konzentrierte sich in ihrem Wahlkampf für die türkischen Kommunalwahlen am 31. März 2019 vor allem darauf, ihren Wählern Angst einzujagen – um ihnen dann im gleichen Atemzug zu versprechen, dass nur sie bzw. ihr Vorsitzender Recep Tayyip Erdoğan die Türken beschützen könne. Er wisse ja, dass viele Menschen verärgert seien, twitterte der einstige Erdoğan-Vertraute und Ex-Bürgermeister von Ankara, Melih Gökçek (AKP), kurz vor der Wahl. Doch bei der anstehenden Stimmabgabe gehe es um nichts Geringeres als um »das Überleben der Türkei«. Die wirtschaftliche Schieflage des Landes, die Konflikte mit einstigen Partnern in aller Welt, die sich im Sinkflug befindende Währung und all das sollten die Wähler bitte bei diesen Wahlen zugunsten des nationalen Zusammenhalts außer Acht lassen.

Und tatsächlich taten viele von ihnen genau das bereitwillig. Trotz ihrer Einbußen in Großstädten wie Istanbul und Ankara konnte die AKP zusammen mit ihrem Bündnispartner, der nationalistischen MHP, am 31. März 2019 erneut mehr als 51 Prozent der türkischen Wähler auf ihre Seite ziehen. Und das in einer Zeit, in der die Menschen überall im Land für verbilligte Lebensmittel Schlange standen und die Arbeitslosenzahlen täglich stiegen.

Von Feinden umzingelt

Die Angst vor Feinden im In- und Ausland war und ist allgegenwärtig in der türkischen Gesellschaft. Schon seit Republikgründer Atatürks Zeiten lernt jeder Grundschüler am Bosporus den Satz: *Türk'ün Türk'ten başka dostu yok* (zu Deutsch: ›Der Türke hat keinen anderen Freund als den Türken‹). Neu ist dieser Ansatz also ganz sicher nicht. Der aktuelle Präsident versteht es allerdings wie kaum ein anderer

Politiker vor ihm, dieses Gefühl der allgegenwärtigen Bedrohungen zu schüren und für seine Zwecke zu nutzen. Die Verhaftung des deutsch-türkischen Journalisten Deniz Yücel, den Erdoğan monatelang immer wieder öffentlich als Agenten, Terrorhelfer und Spion der deutschen Regierung verteufelte, ist dafür nur ein Beispiel unter vielen.

Auch Erdoğans ständige Warnungen vor der wachsenden Islamophobie in Europa, die vielen Türken den Eindruck vermitteln, als Türke und Muslim könne man sich in Städten wie Berlin oder Paris gar nicht mehr auf die Straße trauen, passt in dieses Schema. Die eingangs bereits erwähnten Nazi-Vorwürfe an die deutsche Bundeskanzlerin aus dem Frühjahr 2017 dürften den meisten noch gut im Gedächtnis geblieben sein. Die Titelseiten voller Merkel-Karikaturen mit Hitlerbärtchen haben selbst das Deutschland- und Europabild apolitischer Türken geprägt. Die wollen uns Türken schaden – wir müssen auf der Hut sein und stark bleiben, hieß das Fazit vieler Menschen am Bosporus wieder einmal.

Besonders eindrücklich hatte sich der Erfolg dieser Strategie bereits während der Gezi-Proteste im Juni 2013 gezeigt. Hunderttausende Türken gingen damals auf die Straßen, demonstrierten mal schreiend und Steine werfend, mal schweigend, mal singend und tanzend im ganzen Land gegen die Regierung des damals noch als Ministerpräsident fungierenden Erdoğan. Der Auslöser war eine Gruppe von Naturschützern gewesen, die sich eigentlich ›nur‹ gegen die Abholzung einiger Bäume im zentralen Istanbuler Gezi-Park wehren wollte. Doch schnell wurden aus den Baumbeschützern Erdoğan-Gegner jeglicher Couleur. Denn die Art, wie die AKP-Regierung mit der Natur im Land umging, schien vielen ihrer Kritiker sinnbildlich für den Umgang mit Menschen- und Bürgerrechten insgesamt. 6 Millionen Menschen soll es am Ende insgesamt auf die Straße gezogen haben.

Wie genau es dazu kam bzw. wer die überwiegend jungen und gebildeten – bisher aber als eher unpolitisch geltenden – Türken zu einem derartigen Aufruhr anstacheln konnte, hatte das Erdoğan-Lager, noch während die Proteste anhielten, vermeintlich hieb- und stichfest analysiert. Der oben bereits erwähnte Melih Gökçek, damals noch Bürgermeister der Hauptstadt Ankara, erklärte es seinen ca. 750 000 Followern in einer Videobotschaft auf Twitter: »Wenn der neue Istanbuler Flughafen fertig ist, werden die Flughäfen in London oder Frankfurt zweitklassig sein, 15 Milliarden Dollar pro Jahr werden dann in türkische Taschen fließen. Seit den Führern dieser Länder das klar ist, schüren sie Unruhen in der Türkei«, lautete die These des AKP-Politikers. Schuld an den Gezi-Protesten war folglich niemand anderes als das neidische Ausland. Wieder einmal.

Andere Möglichkeiten zogen und ziehen auch die schon damals überwiegend gleichgeschalteten Medien des Landes ganz einfach nicht in Betracht. Von einem selbstkritischen Hinterfragen der eigenen Politik durch die Regierenden ganz zu schweigen. An einen Rücktritt oder zumindest einen neuen Führungsstil dachte nach Gezi niemand im Erdoğan-Lager. Die knapp sechs Millionen Demonstranten wurden als Kollaborateure und verwirrte junge Menschen dargestellt. Zu allem Überfluss stellte sich später heraus, dass die Mehrheit alevitischen Glaubens war. Sie gehörte also zu einer Minderheit von etwas mehr als zehn Millionen Menschen in der Türkei, die von der Regierung offiziell nicht als eigenständige Religionsgemeinschaft anerkannt, sondern lediglich als eine Glaubensrichtung des Islam bezeichnet wird – trotz ihrer seit Jahrzehnten währenden Bemühungen, das zu ändern. Als Anstifter der Proteste hatte man je nach Gusto die Europäer, die Amerikaner oder eine diffuse Vereinigung aus Zionisten, Armeniern und anderen angeblichen anti-türkischen Mächten im Verdacht. Von den eigentlichen Gründen für die Gezi-Proteste vom Sommer 2013 – von brutalen Polizeieinsätzen, Demonstrationsverboten und Einmischungen in den Lebensstil der Türken – sprach in der offiziellen Türkei am Ende kaum noch jemand.

Und so wundert es kaum, dass Recep Tayyip Erdoğan seine Auftritte auch heute noch gern mit der Floskel »Lasst uns das große Spiel zerstören!« einleitet und damit den Jubel der Massen erntet. Von diesem nie näher definierten »großen Spiel« ist im Erdoğan-Lager seit Gezi immer dann die Rede, wenn die Schuld an irgendetwas in- oder ausländischen Mächten zugeschrieben wird, die es angeblich auf den Frieden in der Türkei und vor allem auf die Macht der sogenannten »Schwarzen Türken« abgesehen haben. Frauen recken dann die geballten Fäuste in die Luft, ihre Männer verfluchen lauthals die Zinslobbys in aller Welt. Wer oder was genau die eigentlich sein sollen und was sie im Schilde führen, fragt dabei zum Glück keiner.

Der Istanbuler Politikwissenschaftler Ilter Turan erklärte mir 2013 kurz nach den Gezi-Protesten: »Unsere Politiker leugnen eigene Fehler, indem sie die Aufmerksamkeit einfach auf unbekannte, äußere Kräfte lenken. Je geschlossener eine Gesellschaft ist, desto häufiger sieht man dieses Phänomen.« Ein Phänomen also, das in einer Gesellschaft, in der etwa 90 Prozent der Menschen laut eigenen Angaben noch nie im Ausland gewesen sind, nicht zufällig erfolgreich ist. Es entsteht eine Kluft zwischen den angeblichen Guten, die lediglich eine geeinte, wirtschaftlich starke Türkei wollen, und den bösen Gezi-Park-Besetzern, die angeblich ihr Land verraten, indem sie sich von ausländischen Geheimdiensten und Regierungen einspannen lassen, um der aufstrebenden Türkei zu schaden.

Gut, dass längst ein Held bereitsteht, der den Kampf mit den Verrätern und den fremden Mächten dahinter aufnehmen kann. Die bedrohten Türken sind nicht allein, wenn sie nur weiter zu Recep Tayyip Erdoğan halten! Das ist die Botschaft, die in Wahlkampfzeiten am Bosporus immer wieder verkündet wird, zuletzt im Frühjahr 2019. Wer nicht daran glaubt, ist ein Feind, ein Agent oder ein Terrorist. Alles Begriffe, mit denen Präsident Erdoğan und sein Lager ihre politischen Gegner regelmäßig auch juristisch angreifen.

Der gleichen Strategie folgten Erdoğan und andere AKP-Politiker kurz vor dem wichtigen Referendum 2017, bei dem die Türken über die Einführung des Präsidialsystems in ihrem Land abstimmten. Damals warfen sie den Europäern Nazi-Praktiken vor, weil vor allem Deutsche und Niederländer Wahlkampfauftritten türkischer Politiker in ihren Städten eine Absage erteilt hatten. Immer wieder griff Erdoğan das Thema in den Tagen vor dem Referendum öffentlich auf, fachte den Streit immer neu an, sobald er zu erlöschen drohte. Als etwa der niederländische Premierminister Mark Rutte in einer Stellungnahme sagte, er wolle die Beziehungen zur Türkei wieder normalisieren, reagierte Erdoğan empört: »Moment, Moment«, fuhr er auf. »Zahlt zuerst den Preis für das, was ihr getan habt.«

In einer Rede in Istanbul am 26. März 2017 wetterte er mit Bezug auf die Bundesrepublik: »Seid Ihr nicht diejenigen, die die Hakenkreuze auf die Mauern unserer Moscheen gemalt haben?« und weiter: »Habt Ihr nicht unsere Moscheen in Brand gesetzt und zerstört? Können wir den Vorfall in Solingen [gemeint ist der rechtsextreme Brandanschlag von 1993] ignorieren? Ihr seid Faschisten. Ihr mit

Euren Nazi-Praktiken.« Hakenkreuze, brennende Moscheen, Nazi-Praktiken … Konnte der türkische Präsident wirklich so unsensibel sein, nicht zu merken, an welch wundem Punkt er die Deutschen damit traf? War ihm die absolute Grenzüberschreitung, die er beging, nicht bewusst? Natürlich nicht! Doch während Politiker und Journalisten in Berlin sich tagelang empörten und in den deutschen Medien (wieder einmal) eine emotionale Diskussion darüber entbrannte, wie man mit diesem unverschämten Präsidenten am besten umzugehen habe, hatte der sein Ziel längst erreicht: Millionen Türken, vor allem die, die ihr Land noch nie verlassen hatten, fühlten sich akut von Deutschland und Europa bedroht. Der einzige Ausweg schien wieder einmal darin zu bestehen, sich hinter einem starken Führer wie Erdoğan zu vereinen. Einem, der es wagte, dem zunehmend islamophoben und anti-türkischen Westen die Stirn zu bieten.

Dass gleichzeitig in Deutschland der Abbruch der Beitrittsverhandlungen mit der Türkei gefordert wurde, dass deutsche Politiker von der roten Linie sprachen, die der »Sultan vom Bosporus« nun endgültig überschritten habe, kümmerte den Präsidenten herzlich wenig. Was er brauchte, war ein Ja beim Referendum am 16. April, um damit das auf ihn zugeschnittene Präsidialsystem einführen zu können, das ihm endgültig Allmacht verlieh. Alles andere wäre wohl der Anfang vom Ende seiner politischen Karriere gewesen. Außenpolitische Verwerfungen waren angesichts dessen Nebensache. Und wie wir heute wissen, bekam er genau, was er wollte. Mit 51,41 Prozent stimmten die Türken am 16. April 2017 für das Gesetz Nr. 6771, durch das insgesamt 69 Artikel der türkischen Verfassung geändert wurden.

Die Verräter sind unter uns

Die Beispiele zeigen: Das Gefühl, von Feinden umzingelt zu sein, ist in der Türkei allgegenwärtig. Vor allem der wortgewaltige Präsident, aber auch viele andere Politiker schüren und bedienen es je nach Bedarf. Die Zahl der möglichen Feinde ist schier unerschöpflich. Denn Gefahr lauert ja auch innerhalb der eigenen Gesellschaft überall, ob vonseiten der Kurden oder Armenier, der Atheisten, Linken, Gezi-

Demonstranten, kritischen Wissenschaftler oder Künstler ... Es wimmelt nur so von Feinden auch innerhalb der Türkei.

Erdoğans von ihm selbst so bezeichnete »Säuberungen« unter den Anhängern des zu seinem Erzfeind erkorenen islamischen Predigers Fethullah Gülen – den übrigens nicht nur der Präsident und seine Verbündeten für den Putschversuch vom Juli 2016 verantwortlich machen, sondern auch die meisten erklärten Erdoğan-Gegner –, die inzwischen zu 150 000 Entlassungen und 48 000 Verhaftungen am Bosporus geführt haben, sind auch vor diesem Hintergrund zu sehen. Die große Unterstützung in der Bevölkerung für das radikale Vorgehen gegen jeden, der der Gülen-Bewegung in irgendeiner Weise nahegestanden hatte, mag deutsche Beobachter schockiert haben. Für die große Masse der verängstigten Türken war sie schlicht nötig und folgerichtig. Wenn dafür die Freiheitsrechte von Millionen beschnitten werden mussten, dann war das eben das nötige Übel.

Schon lange bevor der Prediger Gülen samt seinen Anhängern vom Busenfreund zum Erzfeind Erdoğans mutierte, gab es einen anderen, viel größeren Gegner des Erdoğan-Lagers innerhalb der eigenen Gesellschaft: Die säkularen, oft westlich orientierten Türken – auch »Weiße Türken« genannt –, die dem frommen Erdoğan und seiner verschleierten First Lady vom ersten Tag an kritisch gegenüberstanden. Ohne sie und die ständigen Konflikte mit ihnen wäre der Präsident kaum so erfolgreich, wie er es heute ist.

»Was wollt ihr denn hier? Ist das hier vielleicht Saudi-Arabien?« Mit diesen Worten soll die – bekennend säkulare – Schauspielerin Deniz Çakır im Januar 2019 mehrere kopftuchtragende Frauen in einem Istanbuler Café beschimpft haben. Auch wenn sie selbst den Vorfall genau andersherum darstellte und betonte, sie sei diejenige gewesen, die wegen ihres freizügigen Kleidungsstils angegriffen worden sei, schien der Vorfall für Präsident Erdoğan und die ihm nahestehenden türkischen Massenmedien ein gefundenes Fressen zu sein. Erdoğan, der sich mit seiner AKP im Wahlkampf für die Kommunalwahlen befand, ergriff die Gelegenheit, sich als Verteidiger der überwiegend frommen türkischen Gesellschaft aufführen zu können, sofort beim Schopf. Die »elende Fratze des Faschismus« habe sich bei diesem Angriff auf seine frommen Schwestern wieder einmal gezeigt, klagte er – und nutzte die Gelegenheit gleich noch für einen Seitenhieb gegen die säkulare Oppositionspartei CHP, die den Menschen im Land vorschreiben wolle, wie sie sich zu kleiden hätten.

Es klang wie eine Warnung an alle konservativen Türken nach dem Motto: Wenn die CHP in zwei Monaten gewinnt, zwingt sie euch, Miniröcke statt Kopftücher zu tragen. »Ein wichtiger Grund dafür, dass gerade konservative Türken weiter Erdoğan und die AKP unterstützen, ist ihre traditionelle Angst davor, von der anderen Hälfte der Gesellschaft diskriminiert zu werden, wenn er eines Tages die Macht verliert«, erklärte mir der Istanbuler Gesellschaftspsychologe Murat Paker 2015 in einem Interview zu diesem Thema. Während die meisten anderen Analysten damals noch die florierende Wirtschaft als Hauptgrund für Erdoğans anhaltenden Erfolg nannten, verwies der Psychologe darauf, dass die Türken inzwischen so gespalten seien, dass man von einer »psychisch kranken Gesellschaft« sprechen müsse. Die Angst, die daraus entstehe, sei wahlentscheidend, betonte Paker.

Tatsächlich wirkt sich die Polarisierung, von der er sprach, seit Jahren immer stärker auf alle Bereiche des Alltags am Bosporus aus. Die Sprache, die Wahl des Wohnorts, die sozialen oder die geschäftlichen Beziehungen, fast das ganze Leben in der Türkei orientiert sich an unsichtbaren, aber allseits bekannten Linien, die je nach Standpunkt über Gut und Böse, Richtig und Falsch, Lustig oder Verletzend entscheiden.

Die Leute ordnen alles und jeden als potenzielle Bedrohung ein. Jemand, der einer anderen sozialen Gruppe angehört, wurde früher schlicht als anders wahrgenommen. Aber heute bedeutet »anders« automatisch feindlich und bedrohlich. Das versetzt die Menschen in eine ständige Kampf- und Konfliktbereitschaft,

sagt die Soziologin Nilüfer Narlı von der Istanbuler Bahçeşehir-Universität. Diese Veränderung spürt man auch im eigentlich als weltoffen geltenden Istanbul längst überall. Sei es bei kleinen Meinungsverschiedenheiten in Bus und Bahn, bei denen urplötzlich AKP-Anhänger und -Gegner gegeneinander aufstehen, oder bei ernsten handgreiflichen Auseinandersetzungen wie dem Angriff auf eine Gruppe Jugendlicher, die es gewagt hatten, mitten im Fastenmonat Ramadan Alkohol zu trinken: Während eine Webkamera filmte, stürmten etwa 20 junge Männer den Istanbuler Plattenladen, in dem die Jugendlichen beisammensaßen und das neue Album von Radiohead hörten. Das Geschäft wurde verwüstet, die Trinkenden brutal verprügelt. Selbst schuld, kommentierten die regierungsnahen Zeitungen das Geschehen am Folgetag ...

Konflikte zwischen den so unterschiedlichen Bevölkerungsgruppen der Türkei hat es immer gegeben. Neu ist die Aggressivität, mit der sie einander auch im Alltag begegnen. Eine Studie des German Marshall Funds aus dem Jahr 2016 zeigt, welch erschreckendes Ausmaß die Polarisierung angenommen hat: 80 Prozent der Menschen wollen nicht, dass ihre Kinder in die Familien des politischen Gegners einheiraten. Über 70 Prozent wollen mit der anderen Seite keine Geschäfte machen, nicht mehr nebeneinander wohnen oder die Kinder miteinander spielen lassen. »Es herrscht ein ständiger, unterschwelliger Hass«, erklärt der Forscher Emre Erdoğan, der die Studie durchführte – und nicht verwandt ist mit seinem mächtigen Namensvetter:

Wenn Sie bestimmte Istanbuler Stadtviertel mit einem Minirock betreten, werden die Leute Sie anschreien. Das Gleiche passiert Ihnen in anderen Vierteln, wenn Sie dort ein Kopftuch tragen. Wir können von Glück reden, dass es nicht öfter zu physischen Auseinandersetzungen kommt. Aber die symbolischen und kulturellen Konflikte sind auch so allgegenwärtig.

Emre Erdoğans Büro liegt im schicken Istanbuler Stadtviertel Nişantaşı. Designerläden, Juweliergeschäfte, Cafés und Bars, die so auch in Zürich oder New York eröffnen könnten, säumen die von teuren Autos befahrenen Straßen. Die Sommerkleider der Frauen sind kurz, die Ausschnitte tief. Über 80 Prozent der Menschen in Nişantaşı wählen die säkulare Partei CHP, Anhänger von Präsident Erdoğan sucht man dort beinahe vergeblich. Das Viertel ist mit dieser Homogenität längst nur noch ein Beispiel unter vielen. Das in jedem Reiseführer besungene kunterbunte Miteinander der Bosporusmetropole wird immer seltener. Stattdessen gibt es einerseits die Viertel, in die sich die AKP-Anhänger »zurückziehen«, und andererseits die, die ihre Gegner bei der Wohnungssuche wählen. »Die Gefahr an der anhaltenden Spannungssituation im Land ist, dass alle ständig auf der Suche nach einem Sündenbock sind«, warnt Emre Erdoğan. »Wenn da ein Führer mit dem Finger auf eine Gruppe zeigt, die mir ohnehin unsympathisch ist, dann kann es ganz schnell gefährlich werden.«

Nirgendwo zeigt sich das besser als am Beispiel des Kurdenkonflikts. Gut zwei Jahre lang herrschte Waffenruhe zwischen der Untergrundorganisation ›Arbeiterpartei Kurdistans‹ (PKK) und dem türkischen Militär. Weder türkische noch kurdische Opfer wurden, wie es jahrzehntelang geschehen war, medienwirksam zu Grabe getragen – bis Erdoğan den Friedensprozess im Jahr 2015 plötzlich für gescheitert erklärte. Kurz darauf griffen türkische Panzer PKK-Terroristen mitten in Wohnvierteln an, ganze Straßenzüge wurden niedergewalzt, Zivilisten teilweise über Wochen unter Hausarrest gestellt. Auch zahlreiche unschuldige Menschen starben, weil sie nicht rechtzeitig ins Krankenhaus kamen oder weil ihnen schlicht die Lebensmittel ausgingen.

Die Auswüchse des Konflikts spürte man auch im fernen Istanbul, berichtet Ahmet Birsin, Chefredakteur der inzwischen verbotenen kurdisch-türkischen Zeitung *Özgür Gündem*. Und zwar anders als sonst:

Natürlich gab es früher auch einen Krieg zwischen Türken und Kurden. Aber die einfachen Leute auf der Straße hatten eigentlich nichts gegeneinander. Heute aber sorgen zunehmend faschistische und rassistische Reden von Politikern dafür, dass sich das ändert. Viele Kioskbesitzer trauen sich nicht mal mehr, unsere Zeitung auszulegen, weil sie dafür Todesdrohungen erhalten oder zusammengeschlagen werden.

Türken gegen Kurden, Säkulare gegen Religiöse, Erdoğan-Fans gegen Erdoğan-Gegner … Kein einziger Bürger am Bosporus scheint den zahlreichen Konflikten im Land noch neutral gegenüberzustehen. Diese Lage kommt laut Wahlforschern vor allem einem zugute: Recep Tayyip Erdoğan. Da der Großteil der türkischen Bevölkerung traditionell sunnitisch-konservativ denkt, wird sich die Mehrheit im Konfliktfall hinter ihn und seine Partei stellen. Die AKP ist damit keine Partei mehr, für deren Programm man alle vier Jahre seine Stimme abgibt. Sie ist eine Bewegung, die man unterstützt, um nicht mit ihr unterzugehen. Sie zu wählen bedeutet, eine Antwort auf die scheinbar relevanteste Frage der heutigen Türkei zu geben: Wir oder die.

Mediendominanz

»Ich würde mein Leben für die demokratischen Wünsche der Menschen geben!« Als Recep Tayyip Erdoğan, damals noch Ministerpräsident und nicht Staatspräsident, im Sommer 2013 diese Worte verkündete, hätten türkische Journalisten sie hinterfragen, ironisch einordnen oder zumindest bewusst ignorieren können. Immerhin gingen im Rahmen der Gezi-Proteste gerade Hunderttausende ihrer Landsleute für mehr Demokratie auf die Straße. Doch am Bosporus entschied sich kaum ein Medienschaffender für eine dieser Möglichkeiten. Stattdessen lagen am folgenden Morgen gleich sieben türkische Zeitungen mit dem Erdoğan-Zitat als Titelschlagzeile in den Kiosken. Nach Kritik suchte man als Leser vergeblich. »Was die türkischen Mainstreammedien heute allesamt ausmacht, ist, dass sie nichts hinterfragen, nichts gegen die Regierungslinie sagen und oppositionellen Stimmen keinen Platz einräumen«, sagte mir die Kommunikationswissenschaftlerin Suncem Koçer von der privaten Kadir-Has-Universität in Istanbul damals.

Höchstens eine Handvoll Störenfriede wagte es noch, sich in einschlägigen Medien wie der traditionsreichen Tageszeitung *Cumhuriyet* zu Wort zu melden. Doch auch das hatte spätestens in diesem Sommer voller Proteste ein Ende. Erdoğans Rache für den Massenaufstand im Gezi-Park, dessen Bilder wochenlang um die Welt gingen, traf vor allem die wenigen verbliebenen unbhängigen Journalisten im Land. Heute, fast sieben Jahre später, kann man die Massenmedien der Türkei ohne Umschweife als gleichgeschaltete Propagandaorgane der AKP-Regierung bezeichnen. Das gilt vor allem für die Programme des staatlichen Rundfunksenders TRT, der Erdoğans AKP und ihrem Partner, der rechtsextremen MHP, vor den Kommunalwahlen 2019 ganze 53 Stunden Sendezeit gewährte, während die Allianz der Oppositionsparteien gerade mal auf sechs Stunden und die pro-kurdischen Kándidaten gar nur auf sieben Minuten kamen. Doch auch die zahlreichen privat finanzierten Sender und Zeitungen beschäftigen sich inzwischen hauptsächlich mit dem »Großen Meister« und dessen Taten, wobei sie kritische Themen sorgfältig ausklammern oder in Erdoğans Sinne uminterpretieren. Jahrelanger politischer, wirtschaftlicher und sozialer Druck haben ihre Wirkung nicht verfehlt. Führte die Organisation Reporter ohne Grenzen die Türkei auf ihrer Rangliste der Pressefreiheit im Jahr 2003 – also kurz nach dem Antritt der Erdoğan-Regierung – immerhin noch auf Platz 116, so rangiert das Land inzwischen auf Platz 157, hinter Ruanda und Irak.

Druck und Angst

Wer sich am Bosporus heute noch traut, als kritischer Journalist tätig zu sein, muss zu allem bereit sein. Nicht nur drohen jahrelange Haftstrafen oder Arbeitslosigkeit, sondern auch Hetz- und Verleumdungskampagnen, die bis hin zu körperlicher Gewalt führen können. »Wenn wir wollten, könnten wir dich wie eine Fliege zerquetschen«, schrieb der AKP-treue Journalist Cem Küçük im Jahr 2015 in seiner vielbeachteten Kolumne mit Bezug auf den damals noch als kritisch geltenden *Hürriyet*-Journalisten Ahmet Hakan. »Du bist nur noch am Leben, weil wir bisher Mitleid mit dir hatten.« Kurz darauf schlugen AKP-Anhänger Ahmet Hakan, immerhin einen der bekanntesten Journalisten der Türkei, vor seinem Büro krankenhausreif. Mit einer gebrochenen Nase, zwei gebrochenen Rippen und zahlreichen Prellungen kam der 70-Jährige gerade noch mit dem Leben davon.

»Unsere Mediengruppe und vor allem Ahmet Hakan wurden seit langem bedroht«, erklärte Sedat Ergin, *Hürriyet*-Chefredakteur, nach dem Angriff sichtlich schockiert. Tatsächlich war die *Hürriyet*-Redaktion schon in den Wochen zuvor zweimal angegriffen worden, Türen und Fenster wurden eingeschlagen. Gerade der prominente Ahmet Hakan hatte außerdem bereits mehrfach Drohungen erhalten und deswegen um Polizeischutz gebeten – allerdings ohne Erfolg. Von einer Schlammschlacht gegen die *Hürriyet* durch AKP-nahe Bürger, Medien und Politiker sprachen die wenigen verbliebenen neutralen Beobachter damals.

Die Erdoğan-kritische Zeitung, glaubten offensichtlich immer mehr Menschen im Land, musste ein für alle Mal mundtot gemacht werden. Dass sie gerade dem aktuellen Präsidenten von jeher verhasst war, ist ein offenes Geheimnis in der Türkei. Im Jahr 1998, als der Jungpolitiker Erdoğan nach der öffentlichen Rezitation eines Gedichts zu einer Haftstrafe verurteilt und vorübergehend von der aktiven Politik ausgeschlossen worden war, hatte das Blatt mit offener Häme reagiert: Nicht mal Dorfvorsteher könne Erdoğan jetzt noch irgendwo werden, hieß es damals. Das war der Beginn einer jahrelang anhaltenden Fehde zwischen Erdoğan und dem Herausgeber der *Hürriyet*, dem Medienzar Aydın Doğan, die 2015 mit dem brutalen Angriff auf den Journalisten Ahmet Hakan einen ihrer Höhepunkte erlebte. (Mehr zur Geschichte und zur Rolle der Zeitung, die inzwischen von Erdoğan-Vertrauten aufgekauft wurde und seitdem als »zahmes Klatschblatt« gilt, findet sich im Kapitel »Pinguine statt Proteste«.)

Das Beispiel Ahmet Hakan zeigt, wie brutal der Kampf um die Meinungshoheit in der Türkei seit dem Machtantritt der AKP geführt wird. Neben »klassischen Zensurmethoden« wie Drohanrufen in Redaktionen, dem Verweigern der obligatorischen staatlichen Pressekarte für kritische Journalisten oder dem Ausschluss missliebiger Reporter von Regierungsterminen war es von Anfang an der wachsende soziale Druck, der dazu führte, dass immer weniger Journalisten sich überhaupt noch trauten, bestimmte Meinungen oder gar Themen zu veröffentlichen.

Nie sei der Druck auf kritische Medien am Bosporus größer gewesen als unter der Regierung Erdoğan, bestätigte der Vorsitzende des türkischen Journalistenverbandes Turgay Olcayto mir kurz nach dem Angriff auf *Hürriyet*-Journalist Ahmet Hakan:

Es herrscht eine Atmosphäre der Angst. Der Premier und der Präsident brauchen nur ein Medium oder einen Journalisten beim Namen zu nennen – und sofort wächst der Druck. Die Staatsanwaltschaft beginnt zu ermitteln, es gibt Hetzkampagnen, Schadensersatzklagen usw. Die Regierung hat eine ganze Armee von Anwälten, die rund um die Uhr damit beschäftigt ist, Leute zu verklagen. Das alles zusammen mit den Drohungen und Attacken durch AKP-nahe Kreise führt dazu, dass sich keiner mehr frei äußert. Die Selbstzensur wächst.

Auch gegenüber ausländischen Journalisten wie mir wurden türkische Journalisten und Beobachter in den vergangenen Jahren deutlich vorsichtiger. Wer derart offen mit westlichen Medien spricht wie Turgay Olcayto in diesem Interview, muss ausgesprochen mutig und sich der Tatsache bewusst sein, dass ihm auch dafür Angriffe und Verleumdungskampagnen in den heimischen Medien drohen können. Immer wieder wurden solche Interviews in der Vergangenheit in den Erdoğan-nahen Zeitungen in Auszügen abgedruckt und die Interviewten als Vaterlandsverräter dargestellt. In einigen Fällen sogar mit Foto und Angabe des Wohnorts.

Pinguine statt Proteste

Eine Besonderheit der türkischen Presselandschaft, die Erdoğan vom ersten Tag seiner Regierung an auszunutzen und zu verstärken wusste, ist die enge Verflechtung von Medienhäusern und Wirtschaftsunternehmen. Schon kurz nach seinem Machtantritt im Jahr 2002 zwang der frischgebackene Ministerpräsident ihm nahestehende Unternehmer regelrecht, ins Mediengeschäft einzusteigen, damit aus einst kritischen Zeitungen und Fernsehsendern Sprachrohre seiner eigenen Interessen werden konnten. Inzwischen gehören fast alle Medien im Land acht großen Mischkonzernen, die nicht nur im Medienbereich, sondern auch im Bau-, Banken-, Energie-, Mobilfunk-, Tourismus- oder Finanzbereich aktiv sind. Sorgfältig sorgen die Unternehmer dafür, dass in ihren Medien ausschließlich positiv über die Regierung berichtet wird – die sie dafür mit lukrativen staatlichen Aufträgen belohnt.

Ein bekanntes Beispiel für diese Entwicklung ist die Übernahme der auflagenstarken Tageszeitung *Sabah* und des privaten Fernsehsenders Aktüel Televizyonu (ATV). Längst gilt als offenes Geheimnis, dass Erdoğan 2013 persönlich dafür sorgte, dass Manager des ihm nahestehenden Baukonzerns Kalyon diese Medien gemeinsam mit anderen zahlungskräftigen Unternehmen aufkauften. Kurz darauf erhielt die Gruppe dafür den Zuschlag für den Bau des dritten Istanbuler Flughafens – ein Milliardenprojekt, um dessen Umsetzung sich jedes Unternehmen gerissen hätte. Die Zeitung *Sabah* und der Fernsehsender ATV bilden dafür bis heute den Kern der sogenannten

»Pool-Medien«, die grundsätzlich positiv über Erdoğans Politik berichten und konsequent gegen alles und jeden hetzen, der es noch wagt, sich dem Präsidenten in den Weg zu stellen. Zahlreiche Hetzkampagnen gegen Regierungskritiker in den letzten Jahren nahmen auf den Titelseiten der *Sabah* ihren Anfang. Unliebsame Bürger, Journalisten, Künstler oder Wissenschaftler wurden systematisch diffamiert, als Vaterlandsverräter oder Terroristen bezeichnet und damit bewusst in Gefahr gebracht, von aufgebrachten AKP-Anhängern angegriffen zu werden.

Auch während der Gezi-Proteste im Frühsommer 2013 zeigten sich die Folgen der Verflechtung zwischen Wirtschaft und Medien. Als am 30. Mai zum ersten Mal Zehntausende Istanbuler auf den Taksim-Platz strömten, als Dutzende bei Straßenschlachten mit der Polizei verletzt wurden und ausländische Medien bereits den ersten Toten vermeldeten, liefen im türkischen Fernsehen Kochsendungen und Serien, Spieleshows und Volksmusik. Bei CNN Türk etwa watschelten stundenlang Pinguine durchs Bild. Gezeigt wurde die Naturdokumentation *Penguins – Spy in the Huddle* aus der Antarktis, während es im eigenen Land immer heißer wurde.

Beim Konkurrenten NTV, einem bis dahin landesweit geachteten Nachrichtensender, lief derweil eine abendfüllende Dokumentation über Adolf Hitler. »Kein Wunder«, kommentierte die Medienwissenschaftlerin Ceren Sözeri von der Istanbuler Galatasaray-Universität diesen Vorfall damals im Interview mit mir: NTV gehört zur Doğuş-Holding, die nur kurze Zeit zuvor den Zuschlag für den Bau des Kreuzfahrtterminals Galataport in Istanbul bekommen hatte. Berichte über die regierungskritischen Demonstranten in Istanbul waren da völlig unerwünscht.

Auch am Beispiel der bereits erwähnten kemalistisch-nationalistischen Zeitung *Hürriyet* lässt sich die verhängnisvolle Verflechtung von Wirtschaft und Medien beobachten. »Medienzar« Aydın Doğan hatte der AKP-Regierung von Anfang an äußerst misstrauisch gegenübergestanden und ihren Aufstieg zunächst in seinen zahlreichen Publikationen kritisch und abwertend begleitet. Doch da auch die Doğan-Holding ein Mischkonzern ist, arrangierte man sich mit der Zeit mit der unliebsamen islamisch-konservativen Regierung und hielt sich zumindest mit allzu großer Hetze zurück. Als Doğan bei der Vergabe von Großaufträgen dennoch mehrfach leer ausging, wurde die Berichterstattung – auch und gerade in der *Hürriyet* – wieder deutlich kritischer. Erdoğan schlug mit regelmäßigen verbalen Angriffen zurück.

Der Kampf zwischen dem sich fromm gebenden Erdoğan und dem offen kemalistischen Doğan steht für viele stellvertretend für den Kampf zwischen der alten und der neuen Türkei. Eine Steuerstrafe von umgerechnet über 400 Millionen Euro im Jahr 2009 gab schließlich den Ausschlag: Aydın Doğan, inzwischen 84 Jahre alt, zog sich mehr und mehr aus der Unternehmensspitze der Doğan-Holding zurück, die Berichterstattung von *Hürriyet* und Co. wurde wieder deutlich harmloser. Ende 2018 musste der Medientycoon sein Lebenswerk angesichts des wirtschaftlichen und politischen Drucks schließlich verkaufen. Und wie zufällig stand als Käufer prompt der Unternehmer Erdoğan Demirören bereit, der zuvor bereits zahlreiche andere Medien aufgekauft hatte und als enger Vertrauter des Präsidenten gilt. Im Handumdrehen wurde damit aus der einst so kritischen *Hürriyet* eines von inzwischen unzähligen regierungsfreundlichen Klatschblättern. Die letzten verbliebenen kritischen Journalisten wurden entlassen und durch loyale Kollegen ausgetauscht. Neben der *Hürriyet* berichten heute auch die einstigen Doğan-Sender CNN Türk und Kanal D sowie die Nachrichtenagentur DHA in Erdoğans Sinne.

Totschlagargument Terrorpropaganda

Das direkte Zensieren einzelner Artikel durch die Regierung, wie es in anderen autokratischen Systemen üblich sein mag, war bisher aufgrund der beschriebenen Verflechtungen von Wirtschaft und Medien in der Türkei nur in seltenen Ausnahmefällen nötig. Die Unternehmer selbst sorgten mit Blick auf die nächsten staatlichen Großaufträge dafür, dass ihre Medien frei von Kritik und auch frei von kritischen Stimmen blieben. Zahlreiche renommierte oder altgediente Journalisten verloren infolgedessen in den vergangenen Jahren ihre Anstellungen als Zeitungs- oder Fernsehredakteure, weil sie sich kritisch geäußert hatten.

Die meisten von ihnen hatten danach keine Möglichkeit mehr, bei anderen Massenmedien unterzukommen. Selbst landesweit bekannte

Edelfedern standen plötzlich ohne Arbeit da. Einige von ihnen gründeten alternative Internetmedien, in denen sie oft ehrenamtlich und nur für kleinste Leserschaften publizierten, andere gaben ihren Beruf notgedrungen ganz auf oder emigrierten ins Ausland – zum Beispiel nach Deutschland. Wieder andere gehören zu den Dutzenden Journalisten, die inzwischen in türkischen Gefängnissen einsitzen.

In der »Jahresbilanz der Pressefreiheit 2018« von Reporter ohne Grenzen heißt es:

> Die Türkei bleibt das Land, in dem weltweit die meisten professionellen Journalisten wegen ihrer Arbeit in Haft sind. Dass im Vergleich zu 2017 weniger Journalisten inhaftiert sind, bedeutet nicht, dass sich die Situation verbessert hat. Viele der Freigelassenen sind nur unter Auflagen freigekommen und warten noch auf ihr Urteil in erster oder höherer Instanz. Viele Journalisten wurden 2018 nach Jahren in Untersuchungshaft verurteilt – mehr als 80 erhielten wegen Anklagepunkten wie »Terrorpropaganda«, »Verunglimpfung der türkischen Identität« oder »Beleidigung des Staatsoberhaupts« lange Haftstrafen oder Geldstrafen. Manche Urteile schockieren in ihrer Unmenschlichkeit.

Das endgültige Aus für die freie Presse in der Türkei stellte für viele der Putschversuch vom Juli 2016 dar. Konsequent nutzte die Regierung den darauffolgenden zweijährigen Ausnahmezustand, um missliebige Medien und Stimmen per Dekret zu verbieten. Vor allem prokurdischen und linken Medien wurde systematisch Terrorpropaganda vorgeworfen. Am 31. Dezember 2016 resümierte die ZEIT-Journalistin Özlem Topçu in einem Artikel zur türkischen Pressefreiheit zynisch:

> Mittlerweile sitzen so viele gute und erfahrene Journalisten in türkischen Gefängnissen, dass sich dort eine ziemlich gute neue Zeitung machen ließe. Oder ein neuer Fernsehkanal gründen, mit vielen altgedienten Profis und jungen Talenten. Man würde eine Marktlücke füllen – denn in der Türkei gibt es derzeit kaum noch eine Presse, die ihrer Funktion nachkommt, die Mächtigen zu kontrollieren.[5]

Tatsächlich wurden allein im Jahr 2016 laut einem Bericht der Türkischen Journalistenvereinigung (TGC) insgesamt 157 Medienorgane verboten und geschlossen. 839 Journalisten mussten sich im gleichen Jahr wegen ihrer Veröffentlichungen vor Gericht verantworten. Die Vorwürfe klangen dabei fast immer gleich: Terrorpropaganda, Verunglimpfung der türkischen Nation, Präsidentenbeleidigung, Spionage oder Anstiftung zu Hass und Feindschaft. Alles Stichworte, die unzähligen Journalisten gerade wegen des großen Interpretationsspielraums, den sie den Richtern ließen, zum Verhängnis wurden.

Wie absurd die Vorwürfe teilweise waren, zeigt besonders eindrucksvoll das Beispiel des türkeiweit bekannten Investigativjournalisten Ahmet Şık, der am 29. Dezember 2016 verhaftet wurde. Laut Staatsanwaltschaft sollte er zugleich Propaganda für die kurdische PKK, die linksextremistische Revolutionäre Volksbefreiungspartei-Front und die islamische Gülen-Bewegung betrieben haben. Ganz abgesehen von dem Widerspruch, zugleich linksextrem und islamistisch eingestellt zu sein, gilt ausgerechnet Şık schon länger als einer der größten Kritiker all dieser Organisationen – vor allem aber der mächtigen Gülen-Bewegung, der wie bereits erwähnt bei weitem nicht nur Erdoğan-Anhänger die Hauptschuld am Putschversuch vom Sommer 2016 geben.

Bereits im Jahr 2011 hatte Şıks Buch *Die Armee des Imams*, in dem er das weitverzweigte System der Bewegung bis in die höchsten administrativen, militärischen und politischen Ebenen der Türkei beschreibt, ihn ins Gefängnis gebracht. Damals galten Gülen und Erdoğan noch als beste Freunde, die gemeinsam an der Entmachtung des kemalistisch geprägten Militärs arbeiteten. Kritik an der heute zum Staatsfeind Nummer eins mutierten Bewegung war tabu: Şıks Buch durfte nicht erscheinen, der Autor kam in Haft. Erst der Bruch zwischen den einstigen Freunden Erdoğan und Gülen im Jahr 2012 sorgte dafür, dass der Journalist wieder freikam. Denn plötzlich war Kritik an Gülen geradezu erwünscht, und sein Buch kam doch noch auf den Markt.

Anstatt allerdings weiterhin ausschließlich die Gülen-Bewegung zu kritisieren, wagte Şık es nun, auch an die Mitschuld der AKP am Aufstieg Gülens zu erinnern. Schnell wurde er deswegen in den bereits größtenteils gleichgeschalteten Massenmedien zum ungebetenen Gast. Nach einer journalistischen Anstellung suchte er vergeblich, bis er am 29. Dezember 2016 schließlich erneut im Gefängnis landete – diesmal nicht als Gegner, sondern als angeblicher Sympathisant der islamischen Gülen-Bewegung. Erst 15 Monate später wurde er, sichtlich gezeichnet, aus der Haft entlassen. Doch anstatt sich zurückzuziehen, verkündete er umgehend, weiterkämpfen zu wollen, diesmal als Kandidat der liberalen und prokurdischen Partei HDP, für die er nun in Istanbul Politik macht.

Menschen wie Ahmet Şık sind der Beweis dafür, dass die türkische Zivilgesellschaft noch nicht vollkommen bezwungen ist – und damit auch die Demokratie am Bosporus noch eine Chance hat. Sie erinnern uns daran, dass die Türkei mehr ist als nur Erdoğan und die AKP. Doch richtig ist auch: Längst nicht jeder Journalist hat so viel Mut und Kraft wie Ahmet Şık. Die große Mehrheit hat sich inzwischen zum Schweigen bringen lassen. Kann man es ihr verübeln?

Twitter, Facebook und Co.

»Im Moment gibt es ein großes Übel mit Namen Twitter in unserem Land«, polterte Erdoğan 2015 in einer Talkshow. »Dort wird übertrieben und die größten Lügen werden verbreitet. Ich denke, die sozialen Medien sind ein großes Unheil für unsere Gesellschaft.« Dieser Ausbruch des damaligen Ministerpräsidenten belegt vor allem, dass die sozialen Medien auf dem Radar der AKP-Regierung aufgetaucht waren. Nachdem das Internet lange eine Art Spielwiese der Oppositionellen gewesen war, auf der sie sich zum Beispiel vor den Gezi-Protesten 2013 noch fast ungestört tummeln und organisieren konnten, begann nun auch dort die Schlacht um die Meinungshoheit in der Türkei. Innerhalb weniger Monate bildete Ankara Tausende ehrenamtliche Social-Media-Aktivisten aus, die auf verschiedenen Plattformen gezielt Regierungspropaganda verbreiten und die Opposition diffamieren sollten.

Vor allem Attacken auf unliebsame Twitter-Accounts wurden zum beliebten Mittel: »Sie nennen sich das AKP-Spam-Team. Sie checken den ganzen Tag die Accounts anderer Leute. Und danach attackieren sie die, die nicht ihre Meinung teilen, mit Massen von Spam-Beschwerden«, erklärte mir Oğuzhan, ein Erdoğan-kritischer Internetaktivist aus Istanbul, die Strategie der AKP-Netzaktivisten.

Die große Anzahl an Beschwerden führe laut Oğuzhan schließlich dazu, dass der jeweilige Account von der Twitter-Zentrale in San Francisco gesperrt werde, bis der Accountinhaber das Unternehmen davon überzeugen könne, dass er ein echter, aktiver Nutzer sei. Bis das geschehe, könnten jedoch Tage vergehen. Tage, in denen dann zum Beispiel die mehr als 6000 Follower von Regierungskritiker Oğuzhan vergeblich auf seine Kommentare warten. »Früher wollte ich möglichst viele Follower haben, um cool zu sein oder um meinen Account vielleicht an Marketing-Unternehmen zu verkaufen«, erzählte der junge Istanbuler:

> Aber jetzt geht es darum, glaubwürdig zu sein. Wenn du viele Follower hast, kannst du die Verantwortlichen bei Twitter damit schneller überzeugen, dass du ein aktiver Nutzer bist. Twitter ist in der Türkei zu einer richtigen Warzone geworden. Ich frage mich, was die Mitarbeiter des Unternehmens in Amerika denken, es muss ihnen wie ein Computerspiel vorkommen, was wir hier machen.

Doch der Kampf ums türkische Netz war schon damals viel mehr als ein Spiel. 58 Prozent der Türken nutzen die sozialen Medien regelmäßig, rund die Hälfte der gut 80 Millionen Bürgerinnen und Bürger haben einen aktiven Facebook- und einen Instagram-Account. Kaum ein Türke unter 30 Jahren, der nicht twittert, kaum eine Großmutter, die nicht mit ihren Enkeln per Whatsapp kommuniziert. Vor allem aber geht jeder, der seit den Gezi-Protesten nicht Pinguin-, sondern Protestnachrichten am Bosporus lesen will, ins Internet. Dort informierte man sich auf häufig über Spenden oder Mitgliedschaften finanzierten Internetportalen wie *T24*, *Diken* oder *Bianet* über all die Themen, die die etablierten Medien bewusst verschweigen oder im Sinne der Regierung umdeuten.

Erdoğan mag die Massenmedien inzwischen vollständig unter seiner Kontrolle haben, doch im Internet hat er es trotz seiner extra ausgebildeten »Social-Media-Armee« schwer. Natürlich lassen sich unliebsame Seiten bei Bedarf problemlos (und dank der immer schärferen Gesetzgebung der letzten Jahre kurzzeitig sogar ohne richterliche Genehmigung) sperren. Ein Hinweis auf die »nationale Sicherheit und die öffentliche Ordnung« genügt. Doch selbst wenn eine Seite wenige Stunden nach der Veröffentlichung einer kritischen Botschaft gesperrt wird, ist ihr Inhalt – sofern er denn relevant war – dann meist schon unzählige Male weiterverbreitet worden.

So geschah es zum Beispiel Anfang 2014, als Facebook und Twitter vorübergehend nicht zu erreichen waren. Kurz zuvor waren damals im Internet angebliche Telefonmitschnitte aufgetaucht, die die Verwicklung Erdoğans und seiner engsten Angehörigen in millionenschwere Korruptionsskandale belegen sollten. Mit einer Blockade von Facebook und Twitter sollte die Weiterverbreitung dieser Mitschnitte und die Diskussion darüber behindert werden. Doch die Sperrungen erwiesen sich, ähnlich wie die nach dem Putschversuch vom 15. Juli 2016, im Großen und Ganzen als zwecklos. Zu schnell und vielfältig waren die Kanäle, die die findigen türkischen Internetnutzer trotz aller Hürden für den Datenaustausch fanden. Selbst türkische Hausfrauen kennen Wege zur Umgehung von Internetsperren. Denn längst nicht nur für oppositionelle Aktivisten ist das Netz fester Bestandteil ihres Alltags geworden.

Dennoch gilt auch im Internet, was zuvor über Journalisten gesagt wurde. Die Zahl derer, die sich noch frei und kritisch zu äußern wagen, sinkt täglich. Immer mehr Türken erzählten mir in den letzten Jahren, dass sie ihre Facebook- und Twitter-Accounts nur noch für rein private und vor allem unpolitische Kommunikation verwenden würden. Einige haben sich sogar ganz aus den sozialen Netzwerken verabschiedet. Grund dafür war eine regelrechte Flut von Klagen gegen Nutzer, die es gewagt hatten, sich im Internet kritisch über Erdoğan und Co. auszulassen. Immer wieder stehen Oppositionelle heute in der Türkei ausdrücklich wegen ihrer Tweets vor Gericht. Einer Statistik des türkischen Innenministeriums zufolge wurden allein im Jahr 2018 mehr als 1800 Strafverfahren gegen Menschen eingeleitet, die online Regierungsmitglieder beleidigt oder aufrührerische und gewaltverherrlichende Meinungen verbreitet haben sollen.

Stärkegefühl

Egal, ob man eine AKP-Veranstaltung besucht, die Titelseiten der größten türkischen Zeitungen betrachtet oder sich ganz einfach in ein Teehaus in einem konservativen Istanbuler Stadtteil setzt. Ein

Eindruck setzt sich immer wieder durch: Was viele, vor allem kon-servative Türken sich vor allen Dingen wünschen, sind Stärke und Selbstbewusstsein. Ob es um die Kopftuch- oder die Kurdenfrage geht, ob über das Wirtschaftswachstum oder die Beziehungen zum Westen diskutiert wird: Immer schwingt das Gefühl mit, sich unbe-dingt beweisen und der anderen Seite (wer auch immer das gerade sein mag) die eigene Stärke demonstrieren zu müssen.

Kaum jemand aber beherrscht es so gut, dieses Bedürfnis oder die-sen Minderwertigkeitskomplex zu bedienen, wie der aktuelle Präsi-dent. Seit seinem Amtsantritt im Jahr 2002 gibt er den Menschen – so arm und mittellos sie selbst auch sein mögen – erfolgreich das Ge-fühl, am politischen wie wirtschaftlichen Aufschwung der Türkei ganz persönlich teilzuhaben. Unter Erdoğan halten sich viele Türken für so stark und mächtig wie seit Jahrzehnten nicht mehr. Dass er es schafft, sie so zu motivieren – selbst jetzt noch, wo sein Land längst in der Rezession steckt –, ist neben dem Wirtschaftsaufschwung der vergangenen Jahre vielleicht der Hauptgrund für Erdoğans anhalten-den politischen Erfolg.

Einer von uns

»Was ihr seht, ist nicht der Politiker Erdoğan. Was ihr seht, ist nicht der Ministerpräsident Erdoğan. Was ihr seht, ist nicht der Parteichef. Vor euch steht einer von euch!«, verkündete Erdoğan seinen jubeln-den Anhängern etwa im Wahlkampf 2011. Und tatsächlich weiß er, obwohl er inzwischen weit entfernt davon ist, das Leben eines ein-fachen Türken zu leben, aus seiner eigenen Kindheit immerhin sehr genau, wie der Alltag der großen Mehrheit seiner Landsleute aus-sieht. Das unterscheidet ihn von so manch anderem der meist gut-situierten säkularen Elite des Landes zugehörigen Politiker.

Besuch im Arbeiterviertel Kasımpaşa auf der europäischen Seite Istanbuls. Hier, zwischen Moscheen und Teehäusern, wuchs der mächtigste Mann der Türkei einst mit seinen drei Geschwistern auf, ging mit den anderen Jungen des Viertels zum Koranunterricht, spielte Fußball (so erfolgreich übrigens, dass er vor seiner Karriere als Politiker eine als Profifußballer anstrebte!) und machte seine Hausaufgaben. Anders als in Erdoğans eigenem Leben ist in den steilen Gassen von Kasımpaşa bis heute vieles so geblieben, wie es vor fünfzig Jahren war. So also, wie der Präsident und viele seiner Anhänger sich die Türkei zumindest kulturell gesehen wünschen: Tradition, Familie, Glaube und die Liebe zum Vaterland sind die Werte, an denen sich die Bewohner von Kasımpaşa seit Generationen orientieren.

»Wir leben in einer guten Nachbarschaft hier«, sagt Sevinç, die in einem mit Süßigkeiten, Lebensmitteln und Haushaltswaren vollgestopften Tante-Emma-Laden am Ende einer steilen Gasse sitzt und sich noch gut an die einstigen Nachbarn – die Familie Erdoğan mit ihrem kleinen Recep – erinnert. Selbst, wenn sie im Lotto gewänne, würde Sevinç in keinem anderen Viertel leben wollen als in Kasımpaşa. »Jeder kennt sich hier, wir besuchen uns, wir kümmern uns, wenn einer krank oder traurig ist«, schwärmt sie. »In Kasımpaşa geht es zu wie in einer guten türkischen Familie. Ich hoffe, dass das immer so bleiben wird.« Die 49-Jährige unterbricht sich, legt Oliven, Brot und Käse in den Korb einer Nachbarin, kritzelt dann den Rechnungsbetrag in ein blaues Notizbuch neben der Kasse. Fast jeder im Viertel schreibt bei ihr an und zahlt dann, wenn er gerade Geld hat. Fremde gibt es ja sowieso nicht in Kasımpaşa. Und Betrug unter Nachbarn? Sevinç winkt ab. »Die Leute hier sind fromm. Manche beten fünf Mal am Tag, manche nicht. Das hält jeder, wie er will. Aber am Ende leben wir alle nach Gottes Regeln.«

Und das, so ist Sevinç überzeugt, sorgt dafür, dass die Bewohner von Kasımpaşa besonders glücklich und zufrieden sind. »Streit gibt es hier kaum«, beteuert sie. Nicht nur zwischen den Nachbarn, sondern auch innerhalb der Familien, die hier seit Generationen nach klaren Regeln zusammenleben: Die Frauen sind zuständig für Kinder und Haushalt, die Männer für das Familieneinkommen. Klar abgegrenzte Bereiche, klare Hierarchien. Gibt es ein besseres Modell für die Türkei?

Wenn in den anderen Vierteln Istanbuls Frauen in kurzen Röcken für Gleichberechtigung auf die Straße gehen, fühlt Sevinç sich durch sie nicht etwa vertreten, sondern abgestoßen. »Wir Frauen sind ganz einfach nicht so stark erschaffen wie die Männer«, erklärt sie. »Wir können nicht arbeiten wie sie. Und glauben Sie mir, die meisten Frauen wollen das auch gar nicht. Es geht ihnen besser, wenn sie zu Hause bleiben.« Tatsächlich stehen außer Sevinç nur Männer in den Geschäften und Handwerksstuben von Kasımpaşa – reparieren Autos, nähen Hosen um, schneiden Haare ... Die wenigen Frauen, die um diese Tageszeit durch die steilen Gassen eilen, tragen Kopftuch und lange Röcke wie Sevinç, ziehen kleine Kinder oder Einkaufstaschen hinter sich her.

»Eine Frau kümmert sich bei uns um die Kinder. Das ist ihre Aufgabe, für die sie alles gibt«, erklärt Mahmut, der bei gezuckertem Cay und Neonlicht im Teehaus an der Ecke sitzt. »Der Vater aber ist das Familienoberhaupt, dessen Worten um jeden Preis gehorcht wird. Er arbeitet und hält die Familie zusammen. Dafür verdient er den größten Respekt.« Mustafa, der mit am Tisch sitzt, hat drei Jahre in Berlin gelebt, bevor er nach Kasımpaşa zurückgekommen ist – aus Heimweh, wie er sagt. Und mit der Überzeugung, dass er kein Europäer ist, oder besser: kein Europäer sein will:

> Die Art, sich zu kleiden, die Art, sich draußen zu bewegen, der fehlende Respekt vor den Älteren ... Alles dort ist anders. In Deutschland können Frauen sogar Billard spielen gehen! Aber hier, in unserer Kultur, geht das nicht. Und das hat keine religiösen Gründe, sondern es ist einfach das, was wir von klein auf gelernt haben und womit wir uns wohl fühlen.

Von der nahegelegenen Moschee ruft über den scheppernden Lautsprecher der Muezzin. Mustafa, Mahmut und ein paar andere Teehausgäste machen sich auf den Weg zum Mittagsgebet. Nur Sevinç bleibt in ihrem Laden. Genau wie das Teehaus ist auch das Mittagsgebet in der Moschee Männersache, das ist eine der vielen Regeln in Kasımpaşa, die Sevinç und den anderen Bewohnern Orientierung geben – und spätestens seit Präsident Erdoğan auch Selbstvertrauen. »Es heißt immer, wir rücken jetzt näher an Europa heran«, sagt sie mit abschätzigem Blick:

> Ich halte davon nichts. Denn bisher haben wir immer nur Schlechtes von Europa übernommen. Drogen zum Beispiel ... Schauen wir doch lieber auf unseren Präsidenten, unseren Bruder Tayyip. Der wuchs in diesen Gassen mit dieser Kultur auf. Und seht, wo Gott ihn hingebracht hat. Heute ist er ein Führer. Wenn er erfolgreich ist, sind wir es auch.

Wer verstehen will, warum Erdoğan und andere AKP-Politiker mit ihrem aus westlicher Sicht überholten Rollenmodell und ihren diskriminierend klingenden Forderungen à la »Jede Frau sollte mindestens drei Kinder gebären« Erfolg haben, der muss mit Menschen wie Sevinç sprechen anstatt mit türkischen Feministinnen am Taksim-Platz. Der muss durch Viertel wie Kasımpaşa gehen, anstatt durch die touristischen Gegenden im Zentrum Istanbuls oder die liberalen Reichenviertel am Ufer des Bosporus. Erdoğan weiß, was Millionen Türken wie Sevinç für ihre Herkunft und ihre Kultur empfinden. Und so rasant sein eigener Aufstieg aus den Gassen von Kasımpaşa in den Präsidentenpalast von Ankara auch vonstattengegangen sein mag, er hat nie die Verbindung zu ihnen verloren. Mit Anspielungen oder Redensarten, seiner oft bewusst ungehobelten Ausdrucksweise oder seinen öffentlichen Wutausbrüchen hegt und pflegt er den Kontakt bei jedem seiner Auftritte.

Kein noch so gebildeter, in den wohlhabenden, nach westlichen Werten strebenden Kreisen der Istanbuler High-Society aufgewachsener Konkurrent könnte in Vierteln wie Kasımpaşa je so erfolgreich sein wie er, der brave, fromme Recep von nebenan. »Ein Großteil der türkischen Gesellschaft meint, sich in Erdoğan zu spiegeln«, analysiert der Istanbuler Gesellschaftspsychologe Murat Paker das Phänomen:

Erdoğan hat sich aus einfachsten Verhältnissen heraus nach ganz oben gekämpft, hat keine besonders gute Ausbildung, drückt sich einfach und verständlich aus … Ein ganz normaler Türke eben. Aber jetzt hat er Macht. Da denken viele: Wenn ich mich mit dem verbinde, gibt mir das auch Macht.

Prunk und Protz

Völlig egal, wie einfach und machtlos sie selbst geblieben sind – der Aufstieg ›ihres‹ Präsidenten erfüllt gerade einfache Türken oft mit so viel Glück und Stolz, als wohnten sie selbst in dem Palast, den Erdoğan am 29. Oktober 2014 pünktlich zum 91. Geburtstag der türkischen Republik in Ankara einweihte. Weder die wütenden Proteste seiner Gegner noch die Einwände von Oppositionspolitikern und schließlich des höchsten Verwaltungsgerichts, das den Bau mitten in einem Naturschutzgebiet rechtlich untersagte, hatten ihn daran hindern können. Das Naturschutzgebiet wurde kurzerhand zum Baugebiet erklärt, die Kritiker verspottet: »Sollen sie ihn [den Palast] doch wieder abreißen, wenn sie die Macht dazu haben«, bemerkte der Präsident ungerührt. »Ich werde das Gebäude eröffnen, dort einziehen und meines Amtes walten.«

Gesagt, getan. Auf einem Gelände von knapp 210 000 Quadratmetern befindet sich heute ein pompöser, nach eigener Aussage mit osmanischen Bauelementen versehener Palast samt abhör- und chemiewaffensicherem Bunker sowie unterirdischem Fluchtweg. Kosten der Anlage: 1,37 Milliarden Türkische Lira – nach damaligem Wechselkurs rund 450 Millionen Euro! Bei regierungskritischen Türken löst die gewaltige Anlage, die immerhin größer als der Buckingham Palace in London oder der Élysée-Palast in Paris ist, vor allem Empörung über die Verschwendung von Steuergeldern aus. Auch schämte sich schon manch einer meiner Gesprächspartner für den protzigen Eindruck, den der Präsident einer angeblich demokratischen Republik Besuchern offensichtlich vermitteln will.

Erdoğans Anhänger aber reagierten von Anfang an ganz anders: Für sie ist gerade die Maßlosigkeit des ganzen Projekts ein weiterer Grund, stolz zu sein. Ist es doch einer der Ihren, der dort nun residiert! Und so konterte Präsident Erdoğan die Vorwürfe von Oppositionspolitikern, der Palast habe unglaubliche 1000 Zimmer, mehrfach mit der simplen Feststellung: Nein, es seien nicht ›nur‹ 1000 Zimmer, die Kritiker seien schlecht informiert. In Wahrheit seien es ganze 1200! Das belegt nicht nur die Arroganz Erdoğans gegenüber seinen Kritikern, sondern ist auch ein weiteres Beispiel für die Denkweise seiner Anhänger: Je reicher und mächtiger ihr Führer wird, desto reicher und mächtiger fühlen sie sich selbst.

Es ist diese Logik, mit deren Hilfe Erdoğan auch einen der größten Korruptionsskandale der türkischen Geschichte fast unbeschadet überstand. Zahlreiche führende AKP-Vertreter – darunter langjährige Vertraute Erdoğans – wurden Ende Dezember 2013 festgenommen, unter ihnen zum Beispiel die Söhne des Innen-, des Umwelt- und des Wirtschaftsministers (alle AKP) sowie der Geschäftsführer der staatseigenen Halkbank. Ihnen und Dutzenden anderen wurde vorgeworfen, das Embargo gegen den Iran durch ein ausgeklügeltes System untergraben zu haben, indem iranisches Erdöl mit Gold statt mit Geld bezahlt wurde. Zwischen März 2012 und Juli 2013 soll auf diese Weise Gold im Wert von 13 Milliarden US-Dollar aus der Türkei in den Iran geflossen sein. Türkische Politiker wurden den Vorwürfen zufolge mit Millionenbeträgen dazu gebracht, bei diesen wegen des internationalen Embargos gegen den Iran illegalen Geschäften beide Augen zuzudrücken.

Obwohl die Erdoğan-Regierung die Vorwürfe von Anfang an als Schmutzkampagne ihres Erzfeindes Gülen abtat, mussten im Laufe des Skandals mehrere Minister ihren Hut nehmen. Viele sahen den Stuhl des scheinbar unantastbaren Ministerpräsidenten, der gerade erst die Gezi-Proteste überraschend gut überstanden hatte, endgültig wackeln. So auch der *Spiegel*: »Bislang hieß es, der Skandal gefährde Erdoğans Erfolg bei den Regionalwahlen im März«, las man dort am 25. Dezember 2013, als die Affäre gerade erst begonnen hatte. Und weiter: »Nach den jüngsten Wendungen ist es fraglich, ob Erdoğan diese Wahlen überhaupt noch als Ministerpräsident erleben wird.« In einem Artikel vom Tag davor wurde bereits vermutet: »Die Macht von Premierminister Recep Tayyip Erdoğan bröckelt. Das wurde spätestens vergangene Woche deutlich, als Polizisten in Ankara und Istanbul mehrere Menschen wegen Korruptionsverdachts festnahmen – darunter mächtige Geschäftsleute und die Söhne von drei Ministern. Inzwischen hat sich daraus eine tiefe politische Krise entwickelt, und Erdoğan gerät immer stärker unter Druck.«

Heute, Jahre später, wissen wir, dass Erdoğan auch diesen Skandal überstanden hat. Und das, obwohl er später sogar selbst unter Druck geriet, weil im Internet angebliche Mitschnitte von Gesprächen zwischen ihm und seinem Sohn Bilal auftauchten, in denen der Vater den Sohn angeblich anwies, »alles Geld« aus dem Haus zu schaffen. Egal. Erdoğan ist nicht nur Ministerpräsident geblieben, sondern wenige Zeit später sogar zum Präsidenten aufgestiegen. Geholfen hat ihm damals auch und vor allem die große Loyalität seiner Anhänger, die die Vorwürfe gegen Erdoğan und die AKP meiner Erfahrung nach noch nicht einmal rundweg abstritten. Sie ordneten sie ganz einfach anders ein.

Eine Entschuldigung, die ich in jenen Tagen immer wieder hörte, war die, die mir ein AKP-Wähler im folgenden Kommunalwahlkampf unter beifälligem Nicken der Umstehenden vortrug: »Alle Politiker sind doch korrupt«, argumentierte der junge Mann, der vor einem Wahlkampfstand im Uferviertel Eminönü stand, wo er und seine Kinder mit AKP-Fähnchen und Bonbons beschenkt wurden.

Jeder, der kann, bereichert sich selbst. Das wissen wir. Aber wenn das geschieht, dann sollen es wenigstens Erdoğan und seine Leute sein, die profitieren. Leute also, die am Ende nur das Beste für uns und unser Land wollen.

Wieder einmal kommt also die krasse Spaltung der türkischen Gesellschaft zum Tragen, die Erdoğan so erfolgreich zum Wahlkampfinstrument gemacht hat. Das Motto: Wir oder die.

Als eine Partei, die sich gegen Korruption einsetzt, kann die AKP nach zahlreichen Skandalen (auch und vor allem in Erdoğans engstem persönlichem Umfeld) längst nicht mehr bezeichnet werden. Die zu Anfang bewusst bewahrte Distanz zur Religion ist im Laufe der Jahre ebenfalls verlorengegangen, genauso wie der anfängliche Eifer, der EU beizutreten. Letztere bezeichnete der türkische Präsident zwischenzeitlich mehrfach als faschistisch und rassistisch – sowie als Kreuzritterallianz und Christenclub. Nicht zuletzt ist von dem rasanten Wirtschaftsaufschwung, der die ersten Jahre der AKP kennzeichnete, nicht mehr viel übrig geblieben.

Im Gegenteil. Die Türkei leidet inzwischen wieder einmal unter den Symptomen, die zu bekämpfen doch einst das oberste Ziel der AKP war: Inflation, wachsende Arbeitslosigkeit, die Flucht ausländischer Investoren ... Doch trotz Hiobsbotschaften von allen Seiten haben Erdoğan und seine Partei bei vielen ihrer Anhänger den Glanz von einst offenbar nie eingebüßt. Obwohl seine eigene Partei und Familie längst in unzählige Affären verstrickt sind, schafft es der inzwischen fast allmächtige Präsident immer noch, sich als Reformer und Saubermann der türkischen Politik zu präsentieren, der nur das Beste für Land und Leute will. Das ist auch und vor allem deswegen möglich, weil die Opposition in der Türkei seit Jahren schwach ist.

Das Versagen der Opposition

»Erdoğans größte Stärke ist in diesen Tagen wieder einmal die Schwäche seiner Gegner«, urteilte Maximilian Popp am 23. August 2018 im Nachrichtenmagazin *Der Spiegel*. Für viele ist gerade die Ideenlosigkeit der türkischen Oppositionsparteien – und dabei nicht zuletzt ihr Unvermögen, die Energie der Gezi-Proteste im Jahr 2013 in Wahlerfolge umzuwandeln – in der Tat schuld am ungebremsten Aufstieg der AKP. Ernstzunehmende Konkurrenten stellten sich Erdoğan nach seinem Machtantritt 2002 nur sehr selten in den Weg. Nicht zufällig frotzelte er im Wahlkampf 2011 bei einem Auftritt: »Wie hieß der Kandidat der Oppositionspartei noch gleich?« Gemeint war der langjährige Vorsitzende der sozialdemokratischen CHP, Deniz Baykal – mit seinen inzwischen 81 Jahren ein Urgestein der Atatürk-Partei –, der es allerdings genauso wenig wie die meisten anderen türkischen Politiker jemals mit Erdoğans Charisma und dessen Talent, die Massen mitzureißen und Gefühle auszulösen, aufnehmen konnte. Im Jahr 2010 zwang Baykal der Skandal um ein im Internet aufgetauchtes Sexvideo zum Rücktritt. Der 71-jährige Kemal Kılıçdaroğlu, gemeinhin als freundlich, aber farblos, wenn nicht gar harmlos bekannt, übernahm seinen Posten und führt die Opposition seitdem trotz zehn Wahlniederlagen in Folge an.

Doch nicht nur an Persönlichkeiten fehlt es der türkischen Opposition schon lange, sondern offenbar auch an Ideen. Der Slogan des CHP-Spitzenkandidaten Ekrem İmamoğlu bei der Wiederholung der Istanbuler Kommunalwahlen im Juni 2019 spricht für sich: *Her şey çok iyi olacak* (›Alles wird sehr gut‹) hieß das Motto, mit dessen Hilfe man die AKP-Vormacht in der Bosporusmetropole endlich beenden wollte. Und tatsächlich schaffte es die CHP zum ersten Mal, Erdoğan und seiner Partei ernsthaften politischen Schaden zuzufügen: Ekrem İmamoğlu wurde zum Bürgermeister von Istanbul gewählt. Der AKP-Kandidat Binali Yıldırım, enger Erdoğan-Vertrauter und der letzte Ministerpräsident der Türkei, bevor diese das Präsidialsystem einführte, unterlag. Dennoch sagt der Umstand, dass dem siegreichen İmamoğlu und seinem Team in Zeiten von Wirtschaftskrise, wachsenden sozialen und strukturellen Problemen in der 16-Millionen-Stadt und einem höchst umstrittenen ersten Wahldurchgang, bei dem die AKP eigentlich bereits verloren hatte, nicht mehr einfiel, als »Alles wird sehr gut« zu rufen, viel aus über die Ideenlosigkeit der CHP. Nach einem konkreten Plan für die Zukunft klang es jedenfalls nicht.

Während die AKP allein durch ihre unglaubliche Präsenz in jedem noch so kleinen Ort und natürlich durch die Allgegenwärtigkeit ihres Anführers in sämtlichen Medien den Eindruck vermitteln kann, die Probleme der Menschen zu kennen und vor Ort anzupacken, indem Nähkurse für Frauen organisiert, Straßen gebaut oder Sportvereine unterstützt werden, verlieren sich ihre Kontrahenten immer wieder in übergeordneten, ideologisch geprägten Debatten. Vor allem »die kleinen Leute« und ihre Probleme, so der allgemeine Eindruck, haben sie dabei aus den Augen verloren. Die Zukunft wird zeigen, ob der vielversprechende Ekrem İmamoğlu in dieser Hinsicht wirklich einen langfristigen Wechsel eingeleitet hat oder ob der Erfolg in Istanbul lediglich ein an seine Person geknüpftes Strohfeuer bleibt.

Die CHP (›Republikanische Volkspartei‹)

Die von ihren Kritikern immer wieder als volksfern und abgehoben bezeichnete CHP verharrt türkeiweit seit Jahrzehnten konstant bei ca. 20–25 Prozent der Wählerstimmen. Die älteste Partei der Türkei nennt sich zwar selbst sozialdemokratisch, hat aber mit der türkischen Arbeiterbewegung nie etwas zu tun gehabt. Im Gegenteil: Seit ihrer Gründung durch Mustafa Kemal Atatürk im Jahr 1923 galt die CHP immer als die Partei der (westlich orientierten) Elite im Land. Als solche kämpfte sie bis zum Schluss gegen die von Erdoğan durchgesetzte Aufhebung des Kopftuchverbots auf der einen und gegen die Entmachtung des türkischen Militärs auf der anderen Seite. Schließlich hatte Atatürk die Armee noch auf dem Sterbebett zum obersten Hüter der Republik ernannt.

Dass es einer Partei mit dieser Tradition ausgerechnet unter dem aktuellen Vorsitzenden Kemal Kılıçdaroğlu (Spitzname »der Beamte«) gelingen wird, ihren Stimmenanteil zu erhöhen und die Massen zu bewegen, traut ihr kaum jemand ernsthaft zu. Zu ideologisch engstirnig wirken vor allem die alten Parteikader, die bis heute zu sehr auf Säkularismus und Westannäherung fixiert sind. Dadurch fällt es ihnen schwer, in einer Gesellschaft, deren Mitglieder sich immer wieder selbst mehrheitlich als religiös-konservativ charakterisieren, die Menschen zu erreichen.

Die MHP (›Partei der Nationalistischen Bewegung‹)

Noch weniger Hoffnung auf einen wirklichen Wechsel in der Türkei macht die ultranationalistische MHP, die etwa 15 Prozent der Wähler befürworten und die seit dem Jahr 1997 von Devlet Bahçeli angeführt wird. Der 72-jährige, teilweise offen rassistisch auftretende Nationalist der ersten Stunde macht weder aus seinem bedingungslosen Kurdenhass noch aus seinen engen Verbindungen zur kriminellen Szene ein Geheimnis. Krankenhausbesuche bei verurteilten Mafiabossen gehören genauso zu seinem Machtverständnis wie die öffentliche Bedrohung und Beleidigung von Armeniern, Kurden, Homosexuellen oder Türken, die sich gegen seinen ultranationalistischen Kurs stellen. Kurz nach der Wahl vom November 2015 etwa schaltete der Parteichef ganzseitige Zeitungsanzeigen, in denen er fast 60 namentlich aufgeführten Journalisten wegen angeblich »gnadenloser Verleumdungen« seiner Partei drohte, sie »nicht zu vergessen«. Als großes Vorbild dient der MHP die Macht der Osmanen. Nicht zufällig erinnert das Logo der Partei mit seinen drei Halbmonden auf rotem Grund an die osmanische Kriegsflagge.

Bahçeli und die MHP galten einst als scharfe Kritiker von Recep Tayyip Erdoğan und seiner AKP. Noch im Präsidentschaftswahlkampf 2014 unterstützten sie nicht ihn, sondern stellten gemeinsam mit der CHP den Gegenkandidaten Ekmeleddin İhsanoğlu auf. Drei Jahre später jedoch wechselte Bahçeli die Seiten und wurde zum »Königsmacher«, indem er die Anhänger seiner MHP aufrief, für die Einführung des Erdoğan'schen Präsidialsystems zu stimmen. Wohl im Gegenzug torpedierte Erdoğan eine Versammlung, bei der aufrührerische MHP-Mitglieder Bahçeli hatten absetzen wollen.

Der 71-Jährige blieb an der Spitze seiner Partei und zeigte sich erneut loyal, als er sich nach den Parlamentswahlen 2018 mit der AKP zur sogenannten »Volksallianz« zusammenschloss und der Regierungspartei dadurch zur nötigen Mehrheit verhalf. Vor den Kommunalwahlen 2019 unterstellte er auf einer Wahlkampfveranstaltung allen, die ihre Stimme nicht dem Bündnis aus AKP und MHP geben würden, »den Terror zu unterstützen«. Dass Erdoğan seine anfänglich auf eine friedliche Lösung ausgerichtete Kurdenpolitik seit 2015 so dramatisch verschärft hat, dürfte auf den wachsenden Einfluss der Nationalisten zurückzuführen sein, ohne deren Unterstützung er heute kaum noch derart unantastbar regieren könnte. In den Augen vieler Beobachter hat er sich damit in eine gefährliche Abhängigkeit begeben.

Die IYI-Parti (›Gute Partei‹)

Ende 2017 spaltete sich eine Gruppe führender und teilweise langjähriger MHP-Mitglieder vom Nationalistenführer Devlet Bahçeli ab und gründete (zunächst unter dem Namen »Zentrale-Demokratie-Partei«) die auf Nationalismus und Säkularismus fokussierte IYI-Partei. Erdoğans Präsidialsystem lehnten die Parteigründer im Gegensatz zur offiziellen Linie der Mutterpartei MHP ab. Die von Devlet Bahçeli regelmäßig verdammten Verbindungen zum Westen und der EU wollten sie bewusst aufrechterhalten. Und statt wie die Ultranationalisten zu spalten und zu hetzen, wollte man in der schließlich IYI-Parti (›Gute Partei‹) getauften Partei von nun an auf einen Zentralismus setzen, der neben Nationalisten auch liberale und konservative Wähler mit einbeziehen würde.

Die Hoffnung, dass mit diesem neuen Wind von rechts endlich eine ernsthafte und vor allem massentaugliche Alternative zur AKP entstehen könnte, war groß. Auch und gerade, weil IYI-Parti-Chefin Meral Akşener, 61 Jahre, es bei ihren Auftritten verstand, eine Aufbruch- und Wechselstimmung zu verbreiten, wie viele Türken sie schon so lange vermissten. Meinungsforscher prognostizierten der von Journalisten als »türkische Marine le Pen« bezeichneten Politikerin auf Anhieb 20 Prozent.

Doch es kam anders: Mit knapp 10 Prozent der Stimmen fiel das Ergebnis der Partei bei den Parlamentswahlen 2018 sehr viel niedriger aus als erhofft. Noch ernüchternder war das Ergebnis bei den Kommunalwahlen im März 2019. Der große Vorsatz, sich als breit aufgestellte Zentrumspartei zu etablieren, scheiterte vorerst wohl vor allem am nationalistischen Hintergrund der Gründungsmitglieder, die für liberale oder gar kurdische Türken schlicht unwählbar waren und sind. Auch wenn sie sich immerhin gemäßigter geben als die teilweise offen rechtsextrem agierende MHP.

Die HDP (Demokratische Partei der Völker)

Die Strategie, die nicht nur die regierende AKP, sondern eigentlich alle Parteien in der Türkei gegen die linksliberale HDP verfolgen, hat sich seit der Gründung letzterer Partei im Jahr 2014 nicht geändert: »Es gibt keine politische Partei namens HDP. Es gibt nur die PKK«, verkündete der türkische Innenminister Süleyman Soylu (AKP) kurz vor den Kommunalwahlen im März 2019. Und weiter: Die Abgeordneten der HDP »sind keine Parlamentsabgeordneten. Sie sind die Abgeordneten der PKK, des Terrors.« Mit Vorwürfen wie diesen soll die HDP offensichtlich als verlängerter Arm der kurdischen Terrororganisation PKK abgestempelt und damit für die breite Masse der türkischen Bevölkerung unwählbar gemacht werden.

Tatsächlich ist bei vielen Türken bis heute nicht angekommen, dass die HDP von Anfang an bewusst keine kurdische Klientelpartei sein wollte, sondern sich als erste liberale, weltoffene, linke Partei der Türkei zu etablieren versuchte, die zwar auch, aber nicht nur die Rechte der Kurden vertritt und sich darüber hinaus genauso für die Gleichberechtigung von Frauen, Homosexuellen, religiösen und ethnischen Minderheiten einsetzt. Stattdessen denken bei den drei Buchstaben HDP die meisten sofort an den bis heute ungelösten Kurdenkonflikt, an Terrorgefahr und die scheinbar bedrohte Einheit der Türkei. Die regierungstreuen Massenmedien tragen ihren Teil dazu bei, indem sie Vertreter der HDP weder zu ihren Talkshows einladen noch sonst irgendwie zu Wort kommen lassen.

Allerdings muss die HDP-Führung sich durchaus den Vorwurf machen lassen, dass sie es bis heute versäumt hat, sich klipp und klar vom Terror zu distanzieren. Stattdessen versucht man, soweit es geht, sich überhaupt nicht zur PKK zu äußern – wohl auch und vor allem, um die vielen kurdischen Wähler nicht zu verprellen, für die der PKK-Führer Abdullah Öcalan auch 19 Jahre nach seiner Verhaftung weiterhin als Held gilt.

Unabhängig davon ist die HDP heute in weiten Teilen des Landes mehr oder weniger politisch ausgeschaltet. Tausende ihrer Funktionäre und Anhänger sitzen in Haft oder müssen sich vor Gericht verantworten. Allen voran der charismatische Ex-Vorsitzende Selahattin Demirtaş, 47 Jahre alt, der im September 2018, nachdem er bereits seit fast zwei Jahren im Gefängnis gesessen hatte, schließlich zu vier Jahren und acht Monaten Haft wegen Terrorpropaganda verurteilt wurde. Der politische, juristische und mediale Feldzug, den die Erdoğan-Regierung seit Jahren gegen den von einigen als »kurdischer Obama« gefeierten Anwalt führt, zeigt, wie groß die Angst vor seinem politischen Talent sein muss, seit er die AKP im Jahr 2015 mit dem Überraschungserfolg seiner Partei vorübergehend um die Mehrheit im Parlament brachte. Gerade innerhalb der (kleinen) linksliberalen intellektuellen Elite von Istanbul und anderen Großstädten hatte die HDP damals große Hoffnung auf einen Wechsel geweckt. Zum ersten Mal schien auch linke Politik eine Chance zu haben in Ankara. Doch die Freude währte nur kurz und ist inzwischen größtenteils in Hoffnungslosigkeit und Frustration umgeschlagen.

Ideologie statt Alltagspolitik

Und so gilt auch weiterhin: Die einzige Partei, die es schafft, Wähler aus allen Gruppen der türkischen Gesellschaft anzusprechen, sowohl wirtschaftliche als auch ethnische Gräben zu überwinden und damit wirklich die Massen zu bewegen, ist vorerst Erdoğans AKP. Der langjährige Türkei-Korrespondent der *Frankfurter Allgemeinen Zeitung* Rainer Herrmann nennt sie nicht umsonst die einzige »Partei der Mitte« am Bosporus. Keine der Oppositionsparteien hatte bisher das Personal, die Kraft oder den Willen, es ernsthaft mit ihr aufzunehmen. Keine von ihnen vermochte der Bevölkerung eine echte Alternative zu dem anzubieten, was Erdoğan und die AKP in den vergangenen Jahren geschaffen und versprochen haben. Gerade jüngere Türken können sich eine Türkei, die nicht von der AKP regiert wird, schon gar nicht mehr vorstellen. Und nicht wenige Menschen – egal ob alt oder jung – antworteten mir auf die Frage, warum sie die AKP wählten, mit einer einfachen Gegenfrage: »Na, wen den sonst?!«

Es fehlt sowohl an langfristigen Visionen als auch an Lösungen für die Alltagsprobleme der Menschen. Während der Präsident seinen Anhängern wortgewaltig verspricht, die Türkei wieder groß zu machen, und ihnen mit seinem Gepolter gegenüber Deutschland, der EU oder auch Israel das Gefühl gibt, es mit jedem beliebigen Staatschef aufnehmen zu können und längst zur mitbestimmenden Weltmacht aufgestiegen zu sein, drehen die anderen Parteien sich größtenteils um sich selbst und ihre teilweise trotz fortgeschrittenen Alters regelrecht an ihren Posten klebenden Vorsitzenden. In Wahlkämpfen berauschen sie sich an ihrer gemeinsamen Ablehnung Erdoğans, den sie trotz unermüdlicher Kritik nie bezwingen konnten.

Nicht einmal in der aktuellen Wirtschaftskrise, die man unter normalen Umständen als Steilvorlage für die Abwahl einer Regierung bezeichnen könnte, hat es eine der Oppositionsparteien geschafft, ein konkretes Konzept dazu vorzulegen, wie sie die einst florierende Wirtschaft wiederbeleben, die wachsende Inflation stoppen und die Arbeitslosigkeit am Bosporus bekämpfen würde. Auch sonst sucht man seit Jahren vergeblich nach konkreten Ideen in den Debatten am Bosporus.

Knapp vier Millionen syrische Flüchtlinge sind seit dem Jahr 2011 ins Land gekommen. Dass sie, wie anfangs erwartet, schnell wieder in ihre Heimat zurückkehren werden, glaubt inzwischen kaum noch jemand. Aus den »Gästen«, wie vor allem Erdoğan sie lange Zeit fast schon penetrant nannte, sind Einwanderer, aber nur in den seltensten Fällen Mitbürger geworden. In vielen Städten haben sich syrische Ghettos gebildet, die Ablehnung innerhalb der lange beeindruckend gastfreundlich gebliebenen türkischen Mehrheitsgesellschaft wächst. Konzepte, wie man mit der Einwanderung und mit den vielen damit einhergehenden Problemen im Bildungsbereich, auf dem Arbeitsmarkt etc. umgehen will, gibt es aber anscheinend nicht. In Ankaras Politikbetrieb findet das Thema praktisch nicht statt.

Statt um Inhalte geht es derweil wieder und wieder um ideologische Zugehörigkeiten. In Gesprächen mit türkischen Wählern fühle ich mich nicht selten an Fußballfans erinnert: Wer erst einmal Borussia Dortmund unterstützt, der wird nicht plötzlich für Bayern München jubeln, selbst wenn der dortige Trainer vielleicht in dieser Saison die bessere Strategie zu bieten oder sogar die überzeugenderen Spieler eingekauft hat. So ist es auch in der türkischen Politik: Wer einmal die säkulare, kemalistische CHP unterstützt hat, der wird bei der nächsten Wahl kaum für Erdoğan und seine islamisch geprägte AKP stimmen. Und andersherum können sich die meisten frommen

Türken nicht vorstellen, jemals für die Atatürk-Partei zu stimmen, die sie vor allem mit Kopftuchverbot und Verwestlichung verbinden.

Wer sich also nicht ohnehin (und dann meist schon durch die Tradition der eigenen Familie) ideologisch mit den Nationalisten, den Kurden oder den Kemalisten verbunden fühlt, den können deren Parteien mit ihren oft inhaltsleeren Wahlkämpfen auch schwerlich davon überzeugen, sich ihnen anzuschließen. Genau das war in den vergangenen Jahren Erdoğans großer Vorteil. Er hat der Mehrheit der Türken eine Vision geboten, indem er ihren Wunsch nach Größe und Stärke bediente wie kein anderer.

VON WEGEN ALLES VORZEIGEDEMOKRATEN: DIE ERDOĞAN-GEGNER

Wer in der Türkei Urlaub macht und sich dabei mit dem ein oder anderen Taxifahrer unterhält, wird es genauso schnell merken wie derjenige, der einen Blick auf das Ergebnis des Referendums zur Einführung des Präsidialsystems im April 2017 wirft: Die türkische Gesellschaft teilt sich in ein Pro- und ein Contra-Erdoğan-Lager. Letzteres verlor das umstrittene Referendum am Ende zwar knapp mit 48,59 zu 51,41 Prozent der Stimmen, geht allerdings von Wahlbetrug aus. Selbst wenn dieser Vorwurf stimmen sollte und die Erdoğan-Gegner eigentlich hätten gewinnen müssen, wäre das Ergebnis wohl knapp ausgefallen. Ähnlich wie das der (später wegen Einspruch von Erdoğans AKP wiederholten) Kommunalwahl in Istanbul am 31. März 2019, bei der der Oppositionskandidat Ekrem İmamoğlu am Ende mit gerade einmal 25 000 Stimmen vorn lag – in einer 16-Millionen-Metropole ist das ein hauchdünner Vorsprung. Anhand solcher Wahlergebnisse wird deutlich, was auch aktuelle Umfragen immer wieder zeigen: Etwa die Hälfte der Türken steht weiterhin fest an der Seite ihres Präsidenten. Die andere Hälfte dagegen hasst ihn und seine Politik geradezu.

Wer aber steckt hinter dieser sogenannten »anderen Hälfte«? Wer sind die Menschen, die seit Jahren aus fast jeder Wahl als Verlierer hervorgehen und sich deswegen häufig kaum noch repräsentiert fühlen in ihrem eigenen Land? Die in den gleichgeschalteten Medien höchstens noch als Querulanten oder Vaterlandsverräter erwähnt werden und sich immer häufiger zumindest für ihre Kinder eine Zukunft im Ausland wünschen, weil sie in der Heimat keine Perspektive mehr sehen? Nicht nur die außerordentlich hohe Hürde von 10 Prozent, die Parteien überwinden müssen, um überhaupt ins türkische Parlament einzuziehen, sorgt dafür, dass der Blick auf die

Oppositionsparteien allein nicht ausreicht, um auch diesen Teil der Bevölkerung zu verstehen und einordnen zu können. Ohnehin fühlen sich viele Menschen in der Türkei ja auch durch die Parteien längst nicht mehr repräsentiert.

Zudem würde, wer nur auf die parlamentarische Opposition schaut, einen wichtigen Punkt verkennen: Obwohl nach unzähligen Verhaftungen, einem Putschversuch und dem folgenden, knapp zwei Jahre währenden Ausnahmezustand immer weniger Menschen am Bosporus auf die Straße gehen, hat die Türkei traditionell eine beeindruckend lebhafte Zivilgesellschaft, die sich so ausgeprägt vielleicht in keinem anderen muslimisch geprägten Land wiederfindet. Allein die Zahl der Frauen, die an jedem 8. März (dem internationalen Frauentag) demonstrierend durch Istanbul marschieren, vermittelt einen Eindruck davon, aber auch die Tausende, die sich in den letzten Jahren von unabhängigen Organisationen zu freiwilligen Wahlbeobachtern haben ausbilden lassen usw.

Vor allem während der Gezi-Proteste im Sommer 2013 ist die Vielfalt der Erdoğan-Gegner auf eindrückliche Weise sichtbar geworden – und hat diese dabei vielleicht sogar selbst am meisten überrascht. Besonders viele junge Türken, die bis dahin gemeinhin als apolitisch galten und sich enttäuscht zurückgezogen bzw. mit ihrer Einstellung isoliert gefühlt hatten, merkten im Juni 2013 plötzlich: Wir sind nicht allein. Wir sind Hunderte, Tausende, Millionen!

Wer sind ›die‹ Erdoğan-Gegner?

Am Anfang war es nur eine kleine Gruppe von Anwohnern und Umweltschützern, die sich für die jahrhundertealten Bäume im Istanbuler Gezi-Park interessierte. Kein Wunder, sind die Bewohner der 16-Millionen-Metropole doch nicht gerade als naturverbundenes Volk bekannt. Jeden Tag verschwinden in ihrer unaufhörlich wachsenden Stadt Grünflächen. Mal wird Platz für neue Eigentumswohnungen gebraucht, mal für einen neuen Megaflughafen, mal für ein neues Shoppingcenter. Als zum Beispiel angekündigt wurde, dass 3 Millionen Bäume für eine dritte Bosporusbrücke weichen sollten, gingen nur ein paar hundert Menschen dagegen auf die Straße. Der Rest freute sich, bald weniger im Stau stehen zu müssen.

Zu den Gezi-Protesten aber strömten Anfang Juni 2013 erst Zehn-, dann Hunderttausende. Junge und alte Türken machten sich gleichermaßen auf den Weg ins Istanbuler Stadtzentrum – manche mit konservativem Schnauzbärtchen, manche mit Che-Guevara-T-Shirt, manche mit Kopftuch, manche mit Tattoos des Republikgründers Atatürk auf dem Unterarm ... Junge Mädchen, die aussahen, als ob sie die Schule schwänzten, kamen genauso wie rüstige Rentner und wütende Studenten, die versuchten, sich mit Masken, Schals und Zitronenhälften gegen das Tränengas der Polizei zu schützen. Besonders gegen Abend mischten sich oft Bankangestellte oder Uniprofessoren in Anzug und Krawatte unter die Demonstranten, und als der Ramadan begann, versammelten sich allabendlich Hunderte zum gemeinsamen Fastenbrechen. Ganz bewusst widerlegten sie damit Erdoğans Mär von den angeblich antimuslimischen Protesten, die es auf Religion und Kultur der Türkei abgesehen hätten.

»Hier sind Menschen aus den unterschiedlichsten Gesellschaftsgruppen, mit unterschiedlichen Ideen und Vorstellungen. Einige gehören sogar zu denen, die bei den letzten Wahlen noch für diese Regierung gestimmt haben«, schwärmte mir ein Demonstrant, der sich zum Zeichen seiner Homosexualität in eine Regenbogenfahne gehüllt hatte, bei einem meiner Parkbesuche vor. Und tatsächlich demonstrierten wohl zum ersten Mal in der Geschichte der Türkei im Gezi-Park linke Frauenaktivistinnen, kurdische Hausfrauen und stramme Kemalisten Schulter an Schulter mit Anhängern der nationalistischen Jugendorganisation Graue Wölfe und Mitgliedern der Homo- und Transsexuellen-Community Istanbuls. »Danke Erdoğan, du hast uns alle geeint!«, lautete einer der zahlreichen Slogans, mit denen sie für einige Zeit die Straßen und sozialen Medien dominierten.

»Keiner von uns hat das kommen sehen«, gestand mir kurz nach Ausbruch der Proteste der Politikwissenschaftler Birol Caymaz von der Istanbuler Galatasaray-Universität. »Das Ganze begann wie eine Jugendbewegung, aber es war keine, die wir bereits kennen. Gezi war eine Bewegung, die sich aus völlig unterschiedlichen Typen zusammengesetzt hat. Ein ganz neues Phänomen!«

Dabei sorgten sich die Demonstranten von Anfang an um sehr viel mehr als um ein paar bedrohte Bäume. Es ging schon damals ums Grundsätzliche: Je mächtiger sie wurde, desto häufiger traf die AKP

Entscheidungen, die das Privatleben der Türken beeinflussten: Alkoholverbote oder tiefgreifende Schulreformen, Megabauprojekte oder das (am Ende doch nicht umgesetzte) Abtreibungsverbot. Immer öfter wurden Erdoğans persönliche Wünsche und Vorstellungen dank seiner komfortablen Mehrheiten im Parlament zum Befehl, seine Denkweise zur Staatsräson. Wenn der »Große Meister« seine Landsleute öffentlich dazu aufforderte, mindestens drei Kinder pro Familie zu zeugen, wenn er erklärte, er wolle eine »religiöse Jugend heranziehen«, oder wenn er eine beliebte Fernsehserie schmähte, weil der osmanische Sultan darin angeblich nicht heldenhaft genug dargestellt wurde, spürte jeder Türke bis ins abendliche Fernsehprogramm, wer im Land den Ton angab. Andere Stimmen waren nicht mehr erwünscht. Sollten die Kritiker die AKP doch bei den Wahlen schlagen, wenn sie so viele seien und unbedingt mitbestimmen wollten, hieß Erdoğans Standardantwort an all jene, die die demokratischen Verhältnisse im Land kritisierten. Demokratie bedeute Wahlen. Wer die gewinne, dürfe bestimmen. Allein.

Im Gezi-Park regte sich zum ersten Mal breiter Widerstand gegen dieses Regierungs- und Demokratieverständnis. Und das auf eine zugleich so wütende und so humorvolle Art, dass die Türken nicht selten selbst überrascht von der überbordenden Kreativität waren, die sich Bahn brach. Dabei machte (zumindest zu Anfang) gerade die Abwesenheit jeder Ideologie die Proteste so sympathisch. Parteilogos waren tabu im Gezi-Park, in dem ansonsten jeder zum gemeinsamen Diskutieren, Demonstrieren und Musizieren willkommen war. Am 15. Juni räumte die Polizei das entstandene Zeltlager schließlich. Das Gefühl, in der riesigen Wolke aus Tränengas plötzlich die Orientierung zu verlieren, die Augen nicht öffnen zu können und mit Hunderten anderen panisch loszurennen – wohl wissend, dass die türkische Polizei längst nicht mehr nur drohte, sondern auch friedliche Demonstranten angriff –, werde ich genau wie viele andere ausländische Beobachter, die damals zugegen waren, nie vergessen. Es hat meine Bewunderung für alle jene, die wochenlang ihre Jobs, ihre Gesundheit und ihre Sicherheit riskiert hatten, um im Gezi-Park für einen Neuanfang zu kämpfen, noch wachsen lassen.

Obschon das Projekt Gezi mit dieser brutalen Räumungsaktion vorerst beendet war, lebte der Geist von Gezi lange weiter. Bei den sogenannten Parkforen überall in Istanbul trafen sich noch Monate später Erdoğan-Gegner zu abendlichen Diskussionsrunden darüber, wie es mit ihrem Land und ihrer Gesellschaft weitergehen könnte. Bis heute bestehen einige dieser Gruppen fort, zum Beispiel in Form von Stadtteilparlamenten oder Bürgerinitiativen. »Eine solche Gesellschaft lässt sich nicht einfach gleichschalten«, resümierte denn auch Emma Sinclair-Webb, seit über 10 Jahren Türkei-Beauftragte der Nichtregierungsorganisation Human Rights Watch, als ich sie Anfang 2018 zum Zustand der türkischen Zivilgesellschaft interviewte.

Nicht zuletzt das Referendum zur Einführung des Erdoğan'schen Präsidialsystems im Jahr 2017 gilt Menschen wie ihr als Beweis dafür. Immerhin knapp 50 Prozent der Wahlberechtigten stimmten damals mit Nein – obwohl politischer Ausnahmezustand herrschte und damit zum Beispiel die Versammlungsfreiheit stark eingeschränkt war, obwohl Erdoğan bereits fast alle Medien im Land dominierte und Oppositionskandidaten bedroht oder inhaftiert wurden. »Die lange demokratische Geschichte dieses Landes lässt sich nicht einfach über Nacht auslöschen und durch ein autoritäres System ersetzen«, prophezeite mir Sinclair-Webb damals zuversichtlich.

»Aufgeben wäre wie Selbstmord«

Zwar ist die Aktivistenszene am Bosporus durch unzählige Verhaftungen, Einschüchterungen und Auswanderungen inzwischen ausgedünnt, doch wer danach sucht, der findet auch heute noch überall in der Türkei Menschen, die nicht aufgeben wollen. Viele sind weiterhin bereit, gegen die Verwandlung ihres Landes in »Erdoğanistan« (Hasan Cobanli) zu kämpfen – koste es, was es wolle. Ein beeindruckendes, auch in Deutschland bekannt gewordenes Beispiel dafür war die Initiative der »Akademiker für den Frieden«: 1128 türkische Wissenschaftler meldeten sich im Januar 2016 mit einem offenen Brief zu Wort, in dem sie die Regierung in Ankara aufforderten, die neu aufgeflammte Gewalt zwischen türkischem Militär und kurdischer PKK zu beenden und den im vorangegangenen Sommer gescheiterten Friedensprozess mit den Kurden wieder aufzunehmen. Der türkische Staat, so die Wissenschaftler, verurteile Zivilisten durch wochenlange Ausgangssperren im Südosten des Landes zum Verhungern und Verdursten. Wie im Krieg würden ganze Viertel und Stadtteile mit schweren Waffen angegriffen. »Als die Wissenschaftler dieses Landes«, sagte Işıl Ünal, Pädagogikprofessorin aus Ankara, damals, »werden wir nicht schweigen und uns nicht zu Komplizen derer machen, die dieses Massaker begehen.«

Die Erklärung löste ein politisches Erdbeben in der Türkei aus. Geschlagene 30 Minuten lang beschimpfte Staatspräsident Erdoğan die Unterzeichner auf dem Sultanahmet-Platz in Istanbul, wo er eigentlich der Opfer des jüngsten Terroranschlags gedenken wollte. »Diese sogenannten Intellektuellen sind keine Erleuchteten«, sondern »dunkle Kräfte und Verräter«, wetterte er und unterstellte den Wissenschaftlern, selbst die verbotene PKK zu unterstützen. »Wir akzeptieren unterschiedliche Meinungen, selbst wenn wir sie nicht teilen«, behauptete der Präsident. »Aber diese sogenannten Wissenschaftler zwingen der Öffentlichkeit die Lügen und die Propaganda von Terroristen auf. Es besteht kein Unterschied dazwischen, ob jemand Kugeln im Namen einer Terrororganisation schießt oder ob er Propaganda für sie macht.«

Schon nach diesem Auftritt war klar: Die Initiative »Akademiker für den Frieden« würde für viele ihrer Unterzeichner das Ende ihrer Karriere an staatlichen und nicht selten auch an privaten Universitäten in der Türkei bedeuten. Dennoch legten sie kurze Zeit später eine zweite Erklärung nach. Die Unterzeichnenden stünden weiter zu ihren Unterschriften, verkündeten sie, ihre Zahl sei inzwischen auf mehr als 2000 gestiegen. Unverzüglich forderte die türkische Hochschulbehörde nun Disziplinarverfahren gegen die Beteiligten. Nur wenige Tage nach der Veröffentlichung ihrer Erklärung wurden die ersten vom Dienst suspendiert, Dutzende wegen »Beleidigung der türkischen Nation« angeklagt und vorübergehend festgenommen. Mehrere hundert Professoren und Dozenten verloren in der Folge ihre Stellen – und damit nicht nur ihre Lebensgrundlage, sondern auch ihre Pensionsansprüche und nicht selten gar ihre Reisepässe. Die Regierung verhängte Ausreisesperren gegen zahlreiche von ihnen, die teilweise bis heute gelten.

Auch sozial wurden die Wissenschaftler schikaniert. AKP-nahe Medien riefen die türkischen Studenten auf, allen unterzeichnenden Lehrenden den Respekt zu verweigern. Einige Unterzeichner fanden Morddrohungen an den Türen ihrer Büros, und ein landesweit bekannter Mafiaboss, der Erdoğan unterstützt, kündigte per Twitter an, man werde »das Blut dieser Leute eimerweise verschütten«. In den seitdem vergangenen vier Jahren mussten sich knapp 700 der Unterzeichner von damals bereits vor Gericht verantworten. Über 180 von ihnen wurden rechtskräftig verurteilt. Mehrere hochqualifizierte Wissenschaftler, deren Meinungen ich früher regelmäßig für meine Radiobeiträge und Artikel aus Istanbul einholte, sitzen heute im Gefängnis, wo sie teilweise seit Monaten oder gar Jahren auf ihre Anklageschrift warten.

Doch obwohl sie einen denkbar hohen Preis für ihren Mut zahlen mussten, stehen die meisten der Wissenschaftler von damals auch heute noch zu ihrer Aktion. Einer von ihnen, der Professor Onur Hamzaoğlu, erklärte mir Ende 2016 in einem Istanbuler Teegarten: »Wie hätte ich noch in den Spiegel schauen sollen, wenn ich bei dieser Initiative nicht mitgemacht hätte? Wie hätten wir unseren Kindern erklären sollen, warum wir einen solchen Friedensaufruf nicht unterschrieben und damit tatenlos zugesehen haben?« Onur Hamzaoğlu – ein untersetzter Mann mit buschigem Schnauzer, Brille und Bauchansatz – ist Hochschulprofessor für Medizin in Kocaeli, etwa eine Autostunde von Istanbul entfernt. Sein Fachbereich nennt sich Öffentliche Gesundheit. Wenn Leute wie er zu politischen Helden werden, dann sagt das viel aus über das Land, in dem sie leben. »Ja, das Leben hier hat sich verändert«, murmelte er bei unserem Treffen im Teegarten:

Die Türken flüstern heute viel. Und das, obwohl sie von Natur aus eigentlich gern laut sprechen. Keiner traut sich mehr, offen etwas gegen die Regierung zu sagen. Das zeigt die wachsende Angst. Aber genau deswegen müssen wir doch jetzt erst recht weitermachen! Diese Leute haben beschlossen, die Republik Türkei umzustrukturieren, den Staat ganz neu in ihrem Sinne aufzubauen. Und natürlich müssen da auch die Universitäten gleichgeschaltet werden. Sie wollen, dass Lehrende und Studierende zu gehorchenden, nicht selbst denkenden Elementen werden. Ich halte den Vergleich der heutigen Türkei mit Deutschland 1933 für absolut passend. Vielleicht stehen uns die düsteren vierziger Jahre der Nazis erst noch bevor. Alles hier könnte noch schlimmer werden. Aber dann wird es auch irgendwann ein 1945 geben. Mit dieser Hoffnung im Herzen sollten wir die Geschichte lesen. Eine andere

Chance sehe ich nicht. Mit dem Kämpfen aufzuhören wäre für mich gleichbedeutend mit Selbstmord.

Es hat mich immer wieder tief beeindruckt, wie viele Menschen in der Türkei trotz all der Verhaftungen und Entlassungen der letzten Jahre weiterhin mutig für ihre Ideale einstehen. Onur Hamzaoğlu ist nur einer von ihnen. Andere, die mir spontan einfallen, weil ich sie immer wieder für Interviews getroffen und dabei ihre Entschlossenheit erlebt habe, sind der bereits erwähnte Investigativjournalist Ahmet Şık, die Architektin und Gezi-Aktivistin der ersten Stunde Mücella Yapıcı oder auch Ömer Madra, der das vielleicht letzte völlig unabhängige Medium der Türkei, den kleinen Istanbuler Radiosender Açık Radyo, gegründet hat. Immer wieder fragte ich mich während und nach meinen vielen Gesprächen mit Menschen wie ihnen. Hätte ich selbst auch so viel Mut? Wäre ich auch bereit, meine Stimme zu erheben und dafür gegebenenfalls jahrelang ins Gefängnis zu gehen?

Der Braindrain

Doch es gibt auch eine andere, weniger optimistische Seite dieser Geschichte: Viele Türken, die 2013 noch tagtäglich in den Gezi-Park zogen und von einer völlig neuen Türkei träumten, die nächtelang in den anschließenden Parkforen diskutierten, sich zu Initiativen zusammenschlossen, in Parteien engagierten oder gar neue gründeten, haben in den letzten Jahren die Hoffnung verloren. Unaufhörlich steigt die Zahl derer, die die Türkei verlassen und nach einer Zukunft in Deutschland oder Amerika suchen. Unter ihnen sind auch zahlreiche Mitglieder der eben angesprochenen »Akademiker für den Frieden«.

Immerhin einige von ihnen konnten mit Wissenschaftsstipendien zumindest vorübergehend in Berlin, Köln, Osnabrück oder anderen Städten unterkommen, wo sie nun fernab von ihren Familien und Freunden, meist ohne Deutschkenntnisse und ohne Planungssicherheit, versuchen, ihre in der Türkei nicht mehr erwünschten Forschungen weiterzutreiben. Wer sie trifft, weiß danach nicht, ob er sie nun als diejenigen bezeichnen soll, die Glück gehabt haben, oder nicht. Viele von ihnen haben auch vorher schon für einige Zeit im Ausland gelebt. Doch das Exil und die Ungewissheit, ob sie je wieder in ihre Heimat zurückkönnen, empfinden die meisten als schrecklich.

Gleichwohl sollen allein im Jahr 2017 mehr als 250 000 Türken ihr Land verlassen haben, fast alles junge, gut ausgebildete Menschen: Wissenschaftler, Kulturschaffende, IT-Spezialisten, Journalisten, Ärzte ... Nicht alle gehen, weil sie eine Verurteilung fürchten müssen. Viele ertragen auch ganz einfach die Aussichtslosigkeit und die immer hoffnungslosere Stimmung unter den Erdoğan-Gegnern nicht mehr, genauso wenig wie den allgegenwärtigen Hass und das Misstrauen in einer beispiellos polarisierten Gesellschaft. Zumindest Teile der türkischen Regierung haben inzwischen eingesehen, wie teuer dieser Braindrain ihr Land langfristig zu stehen kommt.

Vor allem an den Universitäten sind die Auswirkungen längst unübersehbar. Zahlreiche Lehrstühle sind unbesetzt, Studenten berichten von Kommilitonen, die ohne ausreichende Qualifikation plötzlich zu Dozenten aufsteigen, ganze Fachbereiche müssen wegen Personalmangels geschlossen werden. Die Ministerien für Bildung und Wissenschaft rufen deswegen seit einiger Zeit türkische Wissenschaftler aus dem Ausland zurück, bieten Prämien und Gehaltserhöhungen an.

Doch auch mit Geld lassen sich oppositionelle Türken oft nicht mehr in ihre Heimat zurücklocken, bestätigt der renommierte Migrationsforscher Murat Erdoğan, der inzwischen selbst zwischen Berlin und Istanbul pendelt. »Die tägliche Atmosphäre in der Türkei, die anhaltenden Spannungen, die Streitereien, die Unsicherheit ... All das zermürbt die Menschen. Selbst wenn sie nicht sonderlich politisch aktiv sind«, glaubt er:

Nehmen Sie als Beispiel meinen Neffen. Er hat an der renommierten Middle Eastern Technical University in Ankara Elektroingenieur studiert. Man muss unter 2 Millionen Abiturienten zu den besten tausend gehören, um an eine solche Uni zu kommen. Er hat es geschafft, hat einen sehr guten Abschluss gemacht und dann einen guten Job gefunden. Mit sehr gutem Gehalt. Aber er war trotzdem unzufrieden, hat sich ständig unsicher gefühlt in der Türkei. Und am Ende hat er beschlossen zu gehen. Inzwischen lebt er auch in Berlin.

Das Verheerende ist: Je mehr qualifizierte Leute wie dieser junge Ingenieur die Türkei verlassen, desto mehr motivieren sie auch die anderen in ihrem Umfeld, die vielleicht geblieben wären. Gerade im künstlerisch-kreativen Bereich klagen inzwischen nicht wenige, dass man in Istanbul kaum noch ausreichend Gleichgesinnte finde, um gemeinsam spannende Projekte auf die Beine zu stellen. Also geht man lieber ebenfalls fort und sucht sein Glück anderswo.

Opposition auf Sinnsuche

Noch etwas sorgt für Frust und Hoffnungslosigkeit unter denen, die sich zur sogenannten »anderen Hälfte« der Türken, also zu den Erdoğan-Gegnern zählen. Gemeint ist die nach wie vor unbeantwortete Frage: Was genau wollen wir eigentlich? »Vielleicht liegt die Verwirrung daran, dass wir, die wir doch genau wussten, wogegen wir demonstrierten, uns nun davor drücken, genau zu definieren, was wir eigentlich wollen«, schreibt die einflussreiche Journalistin und Autorin Ece Temelkuran in ihrem Buch *Euphorie und Wehmut.* »Unsere Ziellosigkeit ließ uns in alle Richtungen rennen, und nun sind wir vollkommen erschöpft.« Temelkuran selbst gehört zu denen, die die Türkei inzwischen verlassen haben und im Exil leben.

Tatsächlich kam die Frage nach dem »Was genau wollen wir eigentlich?« schon während und kurz nach den Gezi-Protesten unter den Erdoğan-Gegnern auf. Als die anfängliche Euphorie über die eigene Vielfalt verflogen war, zeigten sich die ersten Risse in der scheinbar einigen Masse der Demonstranten. Und immer wieder hörte man die eine Frage: Auf was – außer die Ablehnung Erdoğans und seiner Politik – können wir uns einigen? Gibt es einen gemeinsamen kleinsten Nenner, der über »Erdoğan muss weg« hinausgeht? Wie soll eine Gesellschaft aussehen, die nicht mehr von der AKP, sondern womöglich von ihren politischen Gegnern geprägt ist – also von Linken, Nationalisten, Kurden, Kemalisten, Aleviten, Islamisten und Atheisten gleichermaßen?

Bei einer Reportage über die abendlichen Diskussionsforen in zahlreichen Istanbuler Parks, die sich an die Gezi-Proteste angeschlossen hatten, kam der *Welt*-Journalist Deniz Yücel zu dem Schluss:

Zu unterschiedlich sind die politischen Ansichten, zu verschieden die Gründe, weshalb sich die Einzelnen den Protesten angeschlossen haben. Der eine redet über den Kemalismus, die nächste über Probleme im Viertel. Die einen wollen Aktionen planen, die zweiten über Wahlbeteiligungen sprechen, wieder andere reden als Homosexuelle oder Aleviten. Ein kollektives Therapiegespräch. »Würde Tayyip uns zwei Stunden lang zuhören, würde er sich hinterher immer noch fragen: Was zum Teufel wollen diese Leute?«, sagt ein Mittdreißiger unter großem Gelächter an einem der ersten Abende im Abbasağa-Park. »Wir müssen uns auf ein Manifest einigen und unsere wichtigsten Forderungen formulieren.«[1]

Doch dieser häufig geäußerte Plan wurde letztendlich nie umgesetzt. Und so ließ sich auch drei Jahre später bei der Debatte um die »Akademiker für den Frieden« und ihre Petition zur Beendigung des Kurdenkonflikts noch deutlich erkennen, wie wenig die oppositionellen Türken abgesehen von ihrer Abneigung gegen die AKP eigentlich miteinander verbindet. Erdoğan mochte schon damals als Staatspräsident umstritten sein, doch als er den unterzeichnenden Wissenschaftlern mit markigen Worten vorwarf, mit ihrer Petition die Terroristen der PKK zu unterstützen, stieß er selbst bei vielen seiner erklärten Gegner auf offene Ohren.

Denn beim Thema Kurdenkonflikt rückt die sonst so tief gespaltene türkische Gesellschaft traditionell zusammen. Nach wie vor gilt in weiten Kreisen von links bis rechts: Wer für die Kurden Partei ergreift, der macht gemeinsame Sache mit Terroristen und Vaterlandsverrätern. Und so werden in Situationen wie diesen aus den einst geeinten Erdoğan-Gegnern immer wieder erbitterte Feinde. Anstatt sich auf die Frage zu konzentrieren »Was für eine Türkei wollen wir eigentlich?«, sind sie immer wieder damit beschäftigt, einander zu bekämpfen. Das vielleicht folgenschwerste Beispiel für diesen fehlenden Zusammenhalt unter den Erdoğan-Gegnern ließ sich im Mai 2016 im türkischen Parlament beobachten. Zwei Drittel der Abgeordneten (und damit weit mehr als nur die Vertreter der regierenden AKP) folgten damals im zweiten Wahlgang einem Vorstoß Recep Tayyip Erdoğans, die Verfassung zu ändern und damit die Immunität von 138 Parlamentariern aufzuheben – allein fünfzig von ihnen waren Vertreter der pro-kurdischen HDP, gegen deren wachsende Wahlerfolge sich der Vorstoß offensichtlich richtete. »Kniefall vor Erdoğan«, titelte das Nachrichtenmagazin *Der Spiegel* damals nach der Abstimmung und zielte damit wohl auf die sonst so Erdoğan-kritische Oppositionspartei CHP, deren Vorsitzender Kemal Kılıçdaroğlu öffentlich angekündigt hatte, Erdoğans Vorstoß zur Verfassungsänderung zu unterstützen.

Einmal mehr wurde deutlich: Sobald es gegen die Kurden geht, ändern sich die Allianzen in der Türkei; selbst Erdoğan-Anhänger und Erdoğan-Gegner können dann zu Verbündeten werden. Infolge der Verfassungsänderung und der folgenden Ermittlungen der Staatsanwaltschaft wegen »Unterstützung einer terroristischen Organisation« durfte beinahe die gesamte HDP-Fraktion auf einen Schlag ihr Mandat nicht mehr ausüben, ein Großteil der Abgeordneten wurden später verhaftet, darunter auch die Parteivorsitzenden Selahattin Demirtaş und Figen Yüksekdağ. Die frei werdenden Sitze im Parlament fielen bei den anschließenden Nachwahlen dann größtenteils der AKP zu, die ihre Macht dadurch weiter ausbauen und nicht zuletzt auch den Weg für Erdoğans Präsidialsystem ebnen konnte.

Erst viel später scheint vielen Abgeordneten und Anhängern der Oppositionspartei CHP klargeworden zu sein, was sie mit ihrer anti-kurdischen Entscheidung angerichtet hatten. Denn was zunächst vor allem die Abgeordneten der HDP traf, erlebten später auch ihre eigenen Leute. Zum Beispiel wurde das langjährige CHP-Mitglied Enis Berberoğlu, ein Ex-Journalist, 2017 beschuldigt, der Zeitung *Cumhuriyet* Informationen über geheime Waffenlieferungen des türkischen Geheimdienstes an syrische Islamisten weitergegeben zu haben. 25 Jahre Haft forderte die Staatsanwaltschaft dafür. Berberoğlus Freund und Parteikollege Hilmi Yarayıcı erklärte mir bei einem Solidaritätstreffen für den in Untersuchungshaft sitzenden CHP-Politiker:

Worum es hier geht, ist nicht nur die Verhaftung eines einzelnen Abgeordneten. Es geht um die Verhaftung der Pressefreiheit an sich, die Verhaftung der Demokratie! Die Regierung führt einen Kampf gegen alle, die nicht so leben wollen wie sie. Die Verurteilung unseres Abgeordneten ist das i-Tüpfelchen all dessen. Nun sagen wir: Es reicht.

Das waren deutliche Worte, die der CHP-Vorsitzende Kemal Kılıçdaroğlu mit einem 420 Kilometer langen »Marsch für Gerechtigkeit« von Ankara nach Istanbul unterstrich. Tausende Türken schlossen sich dem auch bei großer Hitze täglich weitermarschierenden 68-Jährigen an, der nach 23 Tagen schließlich im Istanbuler Stadtteil Maltepe ankam, wo sein Parteikollege Enis Berberoğlu einsaß. Die dortige Abschlusskundgebung mutierte mit mehr als 1 Million Teilnehmer zur größten Massenveranstaltung der Erdoğan-Gegner seit den Gezi-Protesten.

Doch nicht wenige Beobachter fragten sich bei alldem: Musste es erst einen CHP-Mann treffen, bevor es der größten Oppositionspartei im Land endlich reichte? Hätte man nicht schon für Gerechtigkeit auf die Straße gehen müssen, als ›nur‹ einfache Journalisten, Wissenschaftler und Richter betroffen waren? Zumindest aber, als die Abgeordneten der prokurdischen HDP im Jahr zuvor zu Dutzenden im Gefängnis landeten? Damals schwieg die CHP nicht nur, sie stimmte sogar dafür, dass die Immunität vom HDP-Parteivorsitzenden Demirtaş und anderen aufgehoben werden konnte – und schaufelte sich ihr Grab damit letztendlich selbst.

Dass es nun auch ihre eigenen Abgeordneten traf, fanden damals vor allem kurdische Menschen, geschah der CHP also ganz recht. Nur Yaşar, ein 25-jähriger Maschinenbaustudent, wurde wütend, als ich ihn danach fragte. »Genau diese Haltung, die Missgunst unter den Oppositionsparteien, spielt Erdoğan und der AKP seit Jahren in die Hände«, schimpfte er. Den Gerechtigkeitsmarsch von CHP-Führer Kılıçdaroğlu unterstützte der überzeugte HDP-Wähler deswegen aus vollem Herzen. »Ja, vielleicht gibt es in unserer Gesellschaft eine Tendenz dazu, Unrecht immer erst dann zu erkennen, wenn es einen selbst trifft. Natürlich hätte Kılıçdaroğlu seinen Marsch schon viel früher antreten müssen. Aber was zählt, ist, dass er jetzt unterwegs ist. Und das müssen wir unterstützen, egal, was davor war.«

Um die alten Gräben zu überwinden und möglichst viele Erdoğan-Gegner zusammenzubringen, fanden der Protestmarsch und die abschließende Kundgebung bewusst ohne Parteilogo statt. Nur ein einziges Wort prangte auf den schwarzen Bannern, die Kılıçdaroğlus Aktion begleiteten: *adalet* – Gerechtigkeit. Und tatsächlich unterstützten nach anfänglichen Zweifeln sowohl die Spitze der prokurdischen HDP als auch ein Teil der rechtsnationalistischen MHP den CHP-Vorsitzenden. Eine historische Einigkeit, die es in der türkischen Politik höchstens zu Beginn der Gezi-Proteste gegeben hatte. Dennoch warnte der Politikwissenschaftler Yunus Emre im Gespräch mit mir auch diesmal vor zu viel Euphorie: »Was diese eigentlich entgegengesetzten Lager jetzt zusammenhält, ist und bleibt allein die Feindschaft gegenüber Erdoğan und seinem Autoritarismus. Das ist ein Ziel, um das man sich versammeln kann. Aber es ist natürlich kein politisches Programm als Alternative zur aktuellen Regierung.«

Wie fragil das Bündnis der Erdoğan-Gegner war und ist, zeigte sich erneut nach den Kommunalwahlen im März 2019. Mehrere Bürgermeisterkandidaten der pro-kurdischen HDP, die in ihren Bezirken im Südosten der Türkei mit teilweise großem Abstand gewonnen hatten, durften ihre Ämter nach der Wahl nicht antreten. Stattdessen entschied die oberste Wahlbehörde, dass die jeweils zweitplatzierten (allesamt Kandidaten der AKP) nachrücken und Bürgermeister werden sollten. Die HDP-Kandidaten gehörten, so die Begründung, zu den Tausenden von Beamten, die während des auf den Putschversuch von 2016 folgenden Ausnahmezustandes aus dem Staatsdienst entlassen wurden, sie seien daher ungeeignet.

Dass diese Tatsache dem Wahlrat selbstverständlich schon bekannt gewesen sein musste, als die Kandidaten zur Wahl zugelassen wurden, störte scheinbar nur die HDP, die von Rechtsbruch sprach. Die anderen Oppositionsparteien und die große Mehrheit der türkischen Gesellschaft an sich verhielten sich still und sorgten so dafür, dass die zweitplatzierten AKP-Kandidaten die betroffenen Wahlbezirke widerstandslos übernehmen konnten. Nach wie vor fehlt in der Türkei also die Bereitschaft, sich für die Rechte von Minderheiten einzusetzen, solange man selbst nicht betroffen ist. Besonders am Beispiel der Kurden wird das immer wieder deutlich. Mehr dazu im folgenden Kapitel!

Diese Tatsache deutet auf eine andere hin, die häufig übersehen wird: Vieles, was die Opposition in der Türkei heute so vehement (und natürlich völlig zu Recht) einfordert, hat es auch vor Erdoğans Machtantritt bzw. zu Zeiten, in denen die Säkularen die Macht hatten, nie gegeben. Pressefreiheit, Religionsfreiheit oder Meinungsfreiheit sind nicht etwa Werte, die in der Türkei vor Erdoğan besonders hochgehalten wurden und dann durch ihn erst Schaden nahmen. Und bis heute irrt, wer denkt, dass jeder Erdoğan-Gegner sich ein Land wünscht, in dem sie geschützt werden. Im Gegenteil.

Ist jeder Erdoğan-Gegner ein Demokrat?

Die Vorstellung, dass jeder Erdoğan-Gegner oder gar jeder säkulare, anscheinend westlich orientierte Türke automatisch ein Demokrat und am besten noch ein glühender Verehrer Europas sein müsse, ist ebenso unsinnig wie weitverbreitet. Schon im Jahr 2007 stellte Lale Akgün, türkischstämmige SPD-Politikerin in Köln und damals Mitglied im Bundesvorstand der Partei, fest:

> Eine Schwarz-Weiß-Einteilung der türkischen Gesellschaft in zwei Lager *Scharia* versus *Demokratie* ist verfehlt. Diese Blockbildung ist vielmehr ein politisches Instrument und Totschlagargument der Träger der Staatsideologie, die um ihre Macht fürchten.[2]

Mit den »Trägern der Staatsideologie« waren die Kemalisten gemeint, die damals wie heute den Kern des Anti-Erdoğan-Lagers bilden. Auch der langjährige Türkei-Korrespondent der *Frankfurter Allgemeinen Zeitung*, Rainer Herrmann, bemerkte 2009 in seinem Buch *Wohin geht die türkische Gesellschaft?*: »Die ›weißen Türken‹ huldigen einem autoritären und undemokratischen Politikverständnis. Sie stehen den Europäern zwar kulturell nahe, nicht aber politisch.« Und an anderer Stelle: »Sie verehren das Militär als die Inkarnation ihres Staats, und sie verachten jegliche Religiosität in der Öffentlichkeit, den Islam ebenso wie andere Religionen. Nicht Konsens steht im Vordergrund, sondern Macht.«[3] Nach der perfekten demokratischen Alternative zu Präsident Erdoğan und seinen autokratischen Methoden klingt das nicht.

Die Erdoğan-Gegner und die Kurden

Dennoch scheint heute noch mehr als damals jeder Türke, der den unbeliebten Staatspräsidenten nur laut genug kritisiert, ein willkommener Gast in deutschen Talkshows und Zeitungen zu sein.

Dass auch bei vielen AKP-Gegnern die Forderung nach Meinungsfreiheit und Co. ganz schnell zur Nebensache wird, wenn es zum Beispiel um die Rechte der Kurden geht, wird dabei gern übersehen. Dabei gilt wie bereits angedeutet das längst nicht nur für die offen rassistisch auftretenden Vertreter der nationalistischen MHP, sondern oft auch für die ihrem Selbstbild nach sozialdemokratische Kemal-Atatürk-Partei CHP. Der Hamburger Islamwissenschaftler Tayfun Guttstadt schreibt dazu:

> Die Feindschaft gegenüber Kurden und Christen gehört zu den Kernelementen des Kemalismus. [...] Obwohl dies alles in Europa mehr oder weniger bekannt sein sollte, mehren sich die Kommentare, Artikel und Beiträge in den deutschen und westlichen Medien allgemein, in denen die Vor-Erdoğansche Türkei zu einem demokratischen Staat verklärt wird. [...] In der Fokussierung auf Erdoğan wird auch allzu oft übersehen, dass das gesamte politische Spektrum der Türkei die extrem repressive Politik den Kurden gegenüber ausdrücklich unterstützt – viele, gerade aus dem säkular-nationalistischen Lager, hatten der AKP lange vorgeworfen, der kurdischen Bewegung gegenüber zu lasch zu sein. Diesen Forderungen nach einer Rückkehr zum Krieg ist die AKP nachgekommen. Aus den aufgeführten Gründen darf das Narrativ einer »aufgeklärten« und mehr oder weniger demokratischen Türkei, die von Erdoğan zerstört werde [...], nicht unwidersprochen im Raum stehen bleiben.[4]

Tatsächlich merkt man im täglichen Kontakt mit den Menschen in der Türkei schnell, dass gerade das Misstrauen und die Abneigung gegenüber den kurdischen Mitbürgern nicht nur unter erklärten Nationalisten groß ist. Die Angst, dass die Kurden eines Tages doch noch ihren lang ersehnten eigenen Staat bekommen und damit die Einheit der türkischen Republik zerstören könnten, sitzt so tief, dass sie zu einem generellen Misstrauen gegenüber allem Kurdischen geführt hat. Egal ob kurdische Sprache, kurdische Musik oder auch nur kurdische Namen – alles an dieser von jeher staatenlosen ethnischen Minderheit, die nicht nur im Südosten der Türkei, sondern auch im Iran und im Irak seit Jahrzehnten um Anerkennung und Autonomie kämpft, klingt für viele nicht-kurdische Türken nach

Terror und Verrat. Vor allem solche Türken, die sich noch an die blutigen 90er Jahre erinnern, in denen Terroranschläge und Militäreinsätze zum Alltag gehörten, setzen bis heute jeden Kurden mit einem bewaffneten Kämpfer der verbotenen PKK (Arbeiterpartei Kurdistans) gleich.

Mehr als 45 000 Tote auf beiden Seiten hat der Konflikt zwischen PKK und türkischem Militär bereits gefordert. Und obwohl es vor allem seit dem Machtantritt der AKP im Jahr 2002 vereinzelte Lichtblicke gab – obwohl kurdische Türken sich inzwischen auf der Straße in ihrer Muttersprache unterhalten können, ohne gleich von der Polizei abgeführt zu werden, und obwohl sich in der beliebten Sänger-Castingshow *O sez Türkiye* (vergleichbar mit dem deutschen Pendant *Voice of Germany*) inzwischen Teilnehmer auf der Bühne offen zu ihren kurdischen Wurzeln bekennen, ist der Konflikt dieser Tage wieder zentraler und blutiger denn je.

Schon bei den regierungskritischen Gezi-Protesten im Jahr 2013 war die Antipathie, nachdem die anfangs alles überlagernde Euphorie verflogen war, allgegenwärtig. Angesichts der zunehmenden Präsenz der Kurden im Gezi-Park begannen viele nationalistisch und kemalistisch orientierte Demonstranten gar, die Proteste zu meiden, und wollten mit Gezi nichts mehr zu tun haben.

Als der damalige Ministerpräsident Erdoğan noch im gleichen Jahr mit einem sogenannten Demokratiepaket dafür sorgte, dass zahlreiche Kommunen im Südosten statt der aufgezwungenen türkischen Ortsnamen wieder ihre alten kurdischen Namen tragen, kurdische Lokalverwaltungen ab sofort auf Kurdisch mit ihren Bürgern kommunizieren durften und der öffentliche Gebrauch der seit Jahrzehnten verbotenen, im kurdischen Alphabet aber nötigen Buchstaben X, W, Q endlich nicht mehr unter Strafe stehen sollte, waren es denn auch längst nicht nur die Wähler der stramm nationalistischen MHP, die vor dem Ende der türkischen Einheit warnten und Erdoğan als Kurdenfreund diffamierten.

Tatsächlich dachte der damalige Ministerpräsident wohl lange, mit der Beendigung des jahrzehntealten blutigen Konflikts in die Geschichtsbücher eingehen zu können. So war er es, der zum ersten Mal eingestand, dass es überhaupt ein Kurdenproblem in der Türkei gebe und dass die Minderheit ein Recht auf eine eigene »Unter-Identität« habe, die wohlgemerkt an der türkischen »Über-Identität« nichts ändern dürfe. Verhandlungen mit dem inhaftierten Kurdenführer Öcalan und der PKK wurden aufgenommen, ein kurdischsprachiger staatlicher TV-Sender eingeführt, Türken und Kurden gar als Brüder bezeichnet. Die AKP warb offen um kurdische Wählerstimmen, und tatsächlich galt Erdoğan vielen Kurden als der erste türkische Politiker, dem sie vertrauten. Diesmal, so meinten 99 Prozent meiner Gesprächspartner noch im Jahr 2012 bei einer Reportagereise ins kurdisch geprägte Diyarbakir, werde wirklich alles anders.

Doch die Enttabuisierung des Problems und die neue Hoffnung, die sich Schritt für Schritt im Südosten des Landes breitmachte, wurde bald darauf zum Fluch. Bei den Parlamentswahlen im Juni 2015 gewann die erst 2012 gegründete prokurdische Partei HDP – die sich bewusst liberal gibt und eine breite, nicht nur kurdische, sondern auch linksliberale Wählerschaft anspricht – überraschend mehr als 13 Prozent der Stimmen. Erdoğan hatte sich verrechnet. Zum ersten Mal hatte eine prokurdische Partei die Zehnprozenthürde genommen und war ins Parlament eingezogen. Und nicht nur das, im Gegenzug hatte seine AKP ganze neun Prozentpunkte verloren. Tausende kurdische Wähler hatten die AKP verlassen und sich der HDP und ihrem charismatischen Führer Selahattin Demirtaş angeschlossen.

Spätestens jetzt drehte sich der Wind. Erdoğan brauchte die Unterstützung der Nationalisten, um seine absolute Mehrheit im Parlament zurückzuerobern. Und was war da einfacher, als den gemeinsamen Kampf gegen die Kurden ins Zentrum der Politik zu stellen? Aus dem angeblichen »Kurdenfreund« wurde ein Ministerpräsident, der die »Politik der eisernen Faust« propagierte und auch umsetzte. Von einem Friedensprozess war plötzlich keine Rede mehr. Im Gegenteil. Die seit zwei Jahren bestehende Waffenruhe wurde einseitig von der Regierung aufgekündigt, das türkische Militär bombardierte PKK-Stellungen und immer wieder auch kurdische Dörfer und Städte. Die Terrororganisation antwortete mit blutigen Anschlägen im ganzen Land.

Die langjährige Spirale aus Gewalt und Gegengewalt drehte sich wieder. Und die Mehrheit der Türken – egal ob Erdoğan-Anhänger oder Erdoğan-Gegner – sammelte sich hinter ihrem Präsidenten. Dass der nur wenige Jahre zuvor angetreten war, um das Blutvergießen ein für alle Mal zu beenden, spielte keine Rolle mehr. *Rally-'round-the-flag-effect* heißt es im Amerikanischen, wenn internationale Krisen oder Kriege dazu führen, dass der Präsident kurzfristig an Unterstützung gewinnt. Dass in der Türkei auch die Kurden diesen Effekt auslösen können, zeigt, wie weit außerhalb der Mehrheitsgesellschaft sie als Gruppe nach wie vor stehen. Bei den vorgezogenen Parlamentswahlen im November 2015 holte die AKP im Verbund mit der nationalistischen MHP ihre absolute Mehrheit zurück. Erdoğans Rechnung war aufgegangen.

Und warum sollte das, was einmal geklappt hatte, nicht noch einmal funktionieren? Die verlorene Bürgermeisterwahl in Istanbul vom März 2019, die desaströse wirtschaftliche Lage und auch die medienwirksamen Parteiaustritte alter AKP-Weggefährten ließen manch einen zuletzt wieder an der Allmacht des türkischen Präsidenten zweifeln. Vor allem um von diesen und anderen innenpolitischen Problemen abzulenken, zog die Erdoğan-Regierung im Oktober gegen die Kurden in Nordsyrien zu Felde, die dort angeblich versuchten, einen eigenen Staat zu gründen (sie selbst bestreiten solche Absichten offiziell und beharren lediglich auf ihrem Recht auf Autonomie).

Von »Erdoğans Krieg« sprachen im Folgenden zahlreiche deutsche Medien von BILD bis *Tagesspiegel* in ihren Titelzeilen. Doch allzu häufig verkannten sie dabei einen wichtigen Punkt: Erdoğan hatte bis auf die prokurdische HDP sämtliche im Parlament vertretenen Oppositionsparteien hinter sich, als er im Rahmen seiner Operation »Quelle des Friedens« in Nordsyrien einmarschierte. Sowohl die rassistisch-nationalistische MHP als auch die sozialdemokratisch-republikanische CHP und die rechtskonservative IYI-Parti standen an seiner Seite. Und mit ihnen die überwältigende Mehrheit der türkischen Bevölkerung.

Wieder einmal erreichte Erdoğan sein Ziel: Der Höhenflug der Opposition, die nach allgemeiner Einschätzung nur neun Monate zuvor bei der Istanbul-Wahl vor allem dadurch gewonnen hatte, dass sie sich gegen den AKP-Kandidaten verbündet und alte Streitthemen bewusst beiseitegelassen hatte, ist vorerst beendet. Denn selbstverständlich ist vor allem die noch junge Einheit zwischen CHP und HDP durch den Einmarsch schwer erschüttert.

»Die Schwachstelle einer erfolgreichen oppositionellen Zusammenarbeit« in der Türkei sei »der Umgang mit dem Kurdenkonflikt«, erklärte der Türkei-Experte Burak Copur am 6. November 2019 in einem *Spiegel*-Artikel. »Erdoğan spielt daher die in der Kurdenfrage zerstrittene Opposition gegeneinander aus.« Mit Erfolg. »Ein Fiasko für die Opposition« prophezeit Copur für die Präsidentschaftswahl im Jahr 2023, sollten die Oppositionsparteien in Bezug auf die Kurden weiter derartig zerstritten bleiben. Und er betont: »Von einem Anfang vom Ende Erdoğans kann noch überhaupt keine Rede sein.«[5]

Die Erdoğan-Gegner und der EU-Beitritt

Auch beim Thema EU lohnt es sich, einen Blick auf die Opposition in der Türkei zu werfen. Denn in dieser Hinsicht waren es – wie beim Friedensprozess mit den Kurden – ebenfalls und gerade die immer wieder als westlich orientiert bezeichneten Erdoğan-Gegner, die sich lange vehement gegen einen EU-Beitritt ihres Landes aussprachen. Und das, obwohl die größte Oppositionspartei des Landes, die CHP, heute auf ihrer offiziellen Internetseite in Brüssel behauptet: »Die CHP als sozialdemokratische Partei und wichtigste Opposition in der Türkei hat sich stets für eine EU-Erweiterung zugunsten der Türkei eingesetzt.«[6] Nein, gerade die Atatürk-treuen Türken hatten noch lautstark vor einem Ausverkauf ihres Landes gewarnt, als die AKP 2001 auf der Bildfläche erschien und sich das Ziel eines baldigen EU-Beitritts auf die Fahnen schrieb. Unter dem langjährigen Vorsitzenden Deniz Baykal gehörte EU-Skepsis gar zum Selbstverständnis der CHP und ihrer Anhänger, vor allem innerhalb der älteren Generation.

Auch die damalige, traditionell der CHP nahestehende Militärführung warnte immer wieder davor, dass der EU-Beitrittsprozess die Stabilität und die nationale Einheit der Türkei gefährde, weil er die Macht der Armee eindämmen und die Selbstbestimmung der Kurden und anderer Minderheiten ausweiten würde. Sie fasste damit das Unbehagen vieler säkularer Türken in Worte, die erst viel später, nämlich nach der De-facto-Entmachtung des Militärs durch die Regierung Erdoğan, zu Verfechtern eines EU-Beitritts wurden. Nun fürchteten sie plötzlich selbst um ihre Rechte und Freiheiten, weshalb sie sich von der eben noch verachteten EU Schutz im zusehends aussichtslos erscheinenden Machtkampf mit dem konservativ-religiösen Lager versprachen. Ihre EU-Begeisterung stieg damit aus dem gleichen Grunde, aus dem sie innerhalb der kurdischen Minderheit in der Türkei immer schon groß gewesen war. Und so war der Beitrittswunsch für eine Weile in fast allen Teilen der türkischen Gesellschaft äußerst populär: Während es den zunehmend selbstbewusst auftretenden Anhängern der AKP-Regierung nicht mehr wie anfangs um Schutz ging, sondern vor allem um den wirtschaftlichen Aufschwung und auch um die Aufwertung des eigenen Landes, die eine Vollmitgliedschaft mit sich bringen sollte, spielten bei den zunehmend in die Defensive geratenden säkularen Türken nun vor allem die demokratischen Rechte und Standards, die in der EU galten, eine immer größere Rolle.

Doch egal, in welchen Teil der tief gespaltenen türkischen Bevölkerung man heute blickt, überall stößt man auf die althergebrachte Mischung aus Bewunderung gegenüber der Europäischen Union auf der einen und Misstrauen auf der anderen Seite. Der Glaube, dass die EU ein Christenclub sei, der die Türkei aus rassistischen Gründen ohnehin nie aufnehmen wolle, ist längst nicht nur im Erdoğan-Lager weit verbreitet. Einer Umfrage der türkischen Stiftung für wirtschaftliche Entwicklung (İktisadi Kalkınma Vakfı) vom November 2017 zufolge unterstützen zwar 78,9 Prozent der Menschen am Bosporus weiter den Beitritt in die EU. Zugleich aber haben 68,8 Prozent keine Hoffnung mehr, dass es auch wirklich dazu kommen wird. (Vgl. zu diesem Thema das Kapitel »Europa und die Türkei – Eine Hassliebe«.)

Die Erdoğan-Gegner und ihre Angst vor Verschwörungen

Auch all jene, die den Hang Recep Tayyip Erdoğans zu teilweise abstrusen Verschwörungstheorien als Zeichen seiner Demokratieunfähigkeit werten, sollten einen genaueren Blick auf die Opposition werfen. Denn das Gefühl, von Feinden und dunklen Mächten bedroht zu werden, ist in der Türkei nicht nur bei AKP-nahen Politikern und Bürgern allgegenwärtig. Der damalige *Welt*-Korrespondent Deniz Yücel kam 2013 zu dem Schluss: »Bei allem, was die politischen Kräfte in der Türkei unterscheidet, haben sie einen Reflex gemeinsam: Den politischen Gegner zu verdächtigen, er stehe im Sold ›ausländischer Kräfte‹.«[7]

Diese Kultur der Verschwörungen und Verdächtigungen reicht weit in die Zeit vor Erdoğan zurück. Dass zum Beispiel das verheerende Erdbeben bei Istanbul im Jahr 1999 von den USA ausgelöst wurde, um die Türkei zu schwächen, glaubten am Bosporus Menschen von links bis rechts in seltener Einigkeit. Das Buch mit dem Titel *Musa'nın çocukları: Tayyip ve Emine* (zu Deutsch: ›Moses' Kinder: Tayyip und Emine [Erdoğan]‹) von Ergün Poyraz wiederum, in dem beschrieben wird, dass Erdoğan ein jüdischer Agent Amerikas sei, der die Türkei zerstören solle, war besonders bei Erdoğan-Gegnern beliebt. Vor den Parlamentswahlen 2007 entwickelte es sich zum Bestseller. Bis heute ist das Misstrauen gegenüber Amerika und Europa auch unter den sogenannten »Weißen Türken« mindestens so groß wie ihre gleichzeitige Bewunderung für den Westen. Dass letztendlich die USA Erdoğan seit Jahren an der Macht halten und die Türkei damit gefügig machen, ist eine Meinung, die in regierungskritischen Kreisen als absolut normal gilt.

Die Erdoğan-Gegner und ihre Medien

Auch von ihrem Standpunkt gegenüber Erdoğan und der AKP auf die Qualität von türkischen Medien zu schließen, ist ein häufig gemachter Fehler. Dass die Erdoğan-treue Presse sich schon längst von sämtlichen journalistischen Standards wie Ausgewogenheit, Faktenprüfung, Wahrung der Persönlichkeitsrechte etc. verabschiedet hat, ist bekannt. Doch auch die regierungskritischen Medien am Bosporus waren und sind in dieser Hinsicht nicht automatisch demokratischer! Viele von ihnen verstehen sich genauso wie die Erdoğan-Medien als Propagandainstrumente einer bestimmten politischen Gruppe oder Richtung. Sie fühlen sich weniger einem allgemeinen Informationsauftrag verpflichtet, sondern verfolgen vielmehr das Ziel, anzugreifen, wo sie nur können.

Mehr oder weniger jeder Artikel, den Zeitungen wie die republikanisch-kemalistische *Sözcü* oder auch die in Deutschland lange als Vorzeigemedium geltende *Cumhuriyet* in den letzten Jahren veröffentlichten, glich einem (regierungskritischen) Kommentar, war aber nur in den seltensten Fällen als solcher gekennzeichnet. Tatsächlich gibt es schon lange keine Zeitungen oder gar Fernsehsender mehr am

Bosporus, die sowohl Berichte von Erdoğan-Kritikern als auch von Erdoğan-Anhängern veröffentlichen würden. Journalistische Ausgewogenheit ist nicht nur unbekannt, sondern unerwünscht, das gilt auch für weite Teile der oppositionellen Medien. Lediglich eine sehr kleine, meist über Spenden finanzierte und allein im Internet publizierende Gruppe von Journalisten kann vom Vorwurf der Parteilichkeit ausgenommen werden. Was sie schreiben und recherchieren, ist allerdings auch alles andere als massentauglich.

VON VÄTERN UND »FÜHRERN«

Ein zemtrales Thema, das regierungsnahe und oppositionelle Türken letztendlich eher eint als trennt, ist ihre große Sehnsucht nach einem starken Anführer. Der türkisch-niederländische Schriftsteller Murat Işık bemerkt treffend:

> Heute ist es Erdoğan, bald wird es vielleicht ein anderer sein, der denkt: Nun bin ich an der Reihe, nun darf ich endlich den anderen meinen Willen aufzwingen und meine Macht vergrößern. Tragisch ist, dass die Türken starke Führer lieben, den maskulinen Mann, der alle Probleme löst und Sicherheit garantiert.[1]

Tatsächlich sind es längst nicht nur die Anhänger der AKP, die ihren *lider* kultartig verehren und der festen Überzeugung sind, dass dessen Stärke und Macht letztendlich auch ihnen, vor allem aber ihrem Land zugutekommt. Wer die aktuelle Türkei verstehen will, der muss wissen: Führerliebe und Führerkult sind alles andere als eine Erfindung Erdoğans. Selbst im Gezi-Park begegneten mir tagtäglich aufgebrachte Demonstranten, die von Freiheit und Demokratie sprachen – sich aber gleichzeitig nichts sehnlicher wünschten als einen Anführer von Erdoğans Format, der dem AKP-Chef endlich das Wasser reichen und dessen Anhänger in die Schranken weisen könnte. Nicht zufällig wurden auch bei anderen Erdoğan-kritischen Demonstrationen in den letzten Jahren stets zahlreiche Türkei-Flaggen geschwenkt, auf denen neben Mondsichel und Stern auch ein Bild von Mustafa Kemal Atatürk auf rotem Untergrund prangte.

Der Kult um den Republikgründer, den die türkische Verfassung bis heute als »unsterblichen Führer und unvergleichlichen Helden« preist, ist vielleicht das beste Beispiel dafür, wie tief die Führerliebe in der türkischen Gesellschaft verwurzelt ist. Vor allem in kemalistisch geprägten Familien und Stadtteilen scheint der »Vater aller Türken« denn auch bis heute quicklebendig. Ob als Porträt über dem Schreibtisch, als Tattoo auf dem Unterarm oder als Sonnenblende im Auto – Atatürk ist in bestimmten Kreisen einfach allgegenwärtig. Dafür, dass das so bleibt, kämpfen vor allem die Anhänger der einst von ihm gegründeten Partei CHP oder auch die Mitglieder des 1989 gegründeten Atatürkçü Düşünce Derneği (›Verein zur Förderung der Ideen Atatürks‹). Und zwar erst recht, seit Staatspräsident Erdoğan zum ebenfalls omnipräsenten Führer aufgestiegen ist und dem Republikgründer damit zunehmend Konkurrenz macht.

Atatürk – der ewige Führer

Montagmorgen, sieben Uhr. Im liberalen, traditionell überwiegend AKP-kritischen Istanbuler Stadtteil Beşiktaş beginnt eine neue Schulwoche, und zwar genauso, wie sie seit mehr als achtzig Jahren beginnt: mit der türkischen Nationalhymne. Etwa hundert Erst- bis Achtklässler stehen auf dem Schulhof stramm. Ihre braunen Schuluniformen sind frisch gebügelt, der Blick ruht auf einer riesigen schwarzen Büste von Republikgründer Atatürk. Zwei vielleicht 12-jährige Mädchen haben sich rechts und links neben einem Fahnenmast aufgestellt. Sie ziehen an einem Seil, das Stück für Stück die knallrote türkische Fahne über ihren Köpfen aufsteigen lässt. Auch Passanten auf dem Bürgersteig wenden sich beim Klang der Hymne sofort der Atatürk-Büste zu, verharren regungslos. Eine Mutter presst ihr zappelndes Kind an sich, ein älterer Herr im maßgeschneiderten Anzug hält sein Auto an, steigt aus und nimmt Haltung an. Nach zwei, drei Minuten ist alles vorbei. Als ob jemand die Play-Taste gedrückt hätte, setzten sich alle wieder in Bewegung, die Kinder rasen über den Schulhof, die Vorbeikommenden setzen ihren Weg zur Arbeit oder zum Einkaufen fort. Die Nationalhymne strukturiert den Alltag in türkischen Schulen. Jeden Montagmorgen beginnt die Woche mit diesem Ritual, jeden Freitagnachmittag wird so das Wochenende eingeläutet. An den Morgen dazwischen legten die Schüler jahrzehntelang allmorgendlich unter den strengen Augen der Atatürk-Büsten Bekenntnisse zur Republik ab:

Ich bin Türke,
ich bin aufrichtig,
ich bin fleißig.
Mein Gesetz gebietet mir, die Kleinen zu beschützen,
die Alten zu respektieren
und mein Land und meine Nation mehr zu lieben
als mein eigenes Leben.

Dass der damalige Ministerpräsident Erdoğan diese Tradition 2013 abschaffte, sorgt bis heute für Unverständnis im kemalistisch-nationalistisch geprägten Teil der türkischen Gesellschaft. Auch die Geschichtslehrerin Ayşe, eine modern gekleidete junge Frau, die ich bei einer Reportage in Istanbul kennenlernte, war fassungslos über den Schritt, der die türkischen Schüler ihrer Meinung nach gezielt von Atatürk und seinem republikanischen Erbe entfernen sollte. Sie selbst, so betonte sie, sieht ihre Hauptaufgabe als Lehrerin darin, dass ihre Schüler den Republikgründer und seine Werte auch mehr als achtzig Jahre nach seinem Tod nicht vergessen. Nicht nur die Schulen, auch die Familien seien in der Pflicht, erklärte sie:

Wir haben Bilder von Atatürk in unseren Wohnungen. Und wenn ein Kind anfängt zu sprechen, dann bringen wir ihm bei, »Atatürk« zu sagen oder »Mustafa Kemal Atatürk«. Wir bringen ihm bei zu sagen, dass er unser Land gerettet hat. Denn das schulden wir ihm, der unser aller Vater ist.

Ayşe zeigte mir bei unserem Treffen eines der Bücher, mit denen sie – genau wie alle anderen Geschichtslehrer im Land – damals im Unterricht arbeitete. »Atatürks Leben«, »Atatürks Charaktereigenschaften« oder »Atatürks Prinzipien« hießen die Kapitel darin. Ausführlichst wurde behandelt, was der Republikgründer von Religiosität in der Öffentlichkeit hielt, warum er das arabische Alphabet aus dem Türkischen verbannte und wie er die westliche Moderne stets als Orientierungspunkt für die Türkei nahm – egal, wie fern sie einem Großteil seiner eigenen Bürger kulturell auch sein mochte.

Was in der Schule beginnt, zieht sich weiter durch das gesamte Bildungssystem der Türkei. Jeder türkische Student, egal ob Kulturwissenschaftler, Mediziner oder Betriebswirt, muss an der Universität das Fach *Atatürk ilkeleri ve inkılapları* belegen. Zu Deutsch: ›Atatürks Prinzipien und Reformen‹.

Dafür, dass der Republikgründer auch sonst unantastbar bleibt, sorgt zudem Paragraph 5816 des türkischen Strafgesetzbuches: Er droht jedem, der Atatürk beleidigt oder verunglimpft, mit bis zu dreijährigen Gefängnisstrafen. Wer eine Statue beschädigt, kann sogar mit bis zu fünf Jahren Haft bestraft werden. Nicht zuletzt dem Videoportal Youtube wurde der besondere Schutz Atatürks bereits zum Verhängnis: Weil jemand ein Video hochgeladen hatte, in dem ein grell geschminkter Atatürk in Unterwäsche über den Bildschirm tanzte, sperrte die türkische Regierung die Plattform 2007 landesweit wegen Beleidigung des Republikgründers.

Das Beispiel der oben erwähnten Geschichtslehrerin Ayşe zeigt, dass die Türken das Erbe Atatürks längst nicht nur aus Zwang aufrechterhalten. Zudem tun sie das nicht trotz, sondern gerade in einer Zeit, in der ein betont frommer Präsident wie Erdoğan in vielerlei Hinsicht das Gegenteil von dem verkörpert, was Atatürk einst propagierte. Das Gedenken an den Republikgründer ist für viele säkulare Türken zum Identifikationspunkt geworden, seit sich ihr Land im Sauseschritt von dessen Werten zu entfernen scheint. Allein eine Mustafa-Atatürk-Fanseite auf Facebook zählt weit mehr als 2 Mio. Anhänger, daneben gibt es Hunderte weitere Fanseiten. Sie tragen Namen wie »Unserem Führer, der der Welt fehlt« oder »Ich sterbe für Atatürk«. 18-jährige Mädchen schreiben dort Liebesbriefen ähnelnde Gedichte an den verstorbenen Helden, andere entschuldigen sich bei ihm dafür, dass seit einigen Jahren das Kopftuch an türkischen Universitäten wieder erlaubt ist, weil sie es nicht geschafft hätten, Atatürks säkulares Erbe gegen »die Islamisten« von der AKP zu verteidigen.

Auch wer im Sommer einen Blick auf die Arme junger Türken in den liberalen Stadtvierteln von Istanbul oder Izmir wirft, der sieht, dass Atatürk mehr als achtzig Jahre nach seinem Tod alles andere als out ist. »Die Leute wollen eine ewige Erinnerung, die sie an sich tragen, bis sie sterben«, erklärte mir der 30-jährige Tätowierer Hüseyin aus Istanbul stolz. Auf seinem eigenen Unterarm prangte die berühmte Unterschrift des Republikgründers. »Gerade in diesen Zeiten«, fand Hüseyin, »da müssen wir doch zeigen, dass wir da sind!« Zeiten nämlich, in denen der so betont fromme Erdoğan nicht nur die Politik, sondern auch das Straßenbild vieler türkischer Städte bestimmt und der Islam auch in der Öffentlichkeit wieder deutlich sichtbarer wird, als es Atatürk einst gewollt hatte. Die Rechnung ist einfach: Je stärker und allgegenwärtiger Erdoğan wird, desto mehr besinnen sich seine Gegner wieder auf ›ihren Führer‹ Mustafa Kemal Atatürk und dessen säkulare Werte.

Öcalan – Der ›Führer‹ der Kurden

Auf einen starken Mann setzen allerdings auch die Kurden mit ihrer Verehrung für Abdullah Öcalan. Das inzwischen 70-jährige Gründungsmitglied der kurdischen Terrororganisation PKK sitzt zwar seit dem Jahr 1999 in Isolationshaft auf der Gefängnisinsel İmralı ein, hat aber bis heute großen Einfluss auf die Kurden in der Türkei. Wenn Öcalan in der Vergangenheit zu Friedensverhandlungen mit der türkischen Regierung aufrief, dann schwiegen die Waffen der PKK zuverlässig. Sobald er die Verhandlungen für gescheitert erklärte, gehörten Selbstmordanschläge und Bombenattentate auf Militär- und Tourismuszentren wieder zum türkischen Alltag. Kein Zufall, dass auch er – genau wie der türkische Präsident Erdoğan – von seinen Anhängern gern als »Führer« bezeichnet wird (*Serok* im Kurdischen).

»Das Duett der starken Männer« titelte die ZEIT im Jahr 2013, als es tatsächlich Anzeichen dafür gab, dass Erdoğan und Öcalan gewillt sein könnten, den jahrzehntealten Kurdenkonflikt gemeinsam beizulegen. Wenn es einer schafft, dann diese beiden, sagten mir damals sowohl türkische als auch kurdische Interviewpartner. Niemand sonst hat so viel Macht, so viel Einfluss in seiner jeweiligen Anhängerschaft. Zwar endete die Initiative am Ende in neuer Gewalt und Gegengewalt statt in Frieden. Die Macht der beiden »Führer« ist jedoch bis heute ungebrochen. Bei Erdoğan zeigen das nach wie vor Umfragen und Wahlergebnisse. Bei Öcalan belegen das vor allem der Gehorsam und die Euphorie, die die meisten Kurden nach wie vor ergreift, wenn der *Serok* sich über seine Anwälte aus der Zelle auf Imralı meldet (bzw. melden darf).

Im Mai 2019 rief Öcalan auf diesem Wege 3000 kurdische Häftlinge und HDP-Abgeordnete dazu auf, ihren teilweise bereits seit sechs Monaten andauernden Hungerstreik zu beenden, mit dem sie für bessere Haftbedingungen für ihn selbst, aber auch für andere kurdische Gefangene in der Türkei demonstrierten. Einige der Hungernden waren zu diesem Zeitpunkt bereits auf die Intensivstation verlegt worden. Offensichtlich waren sie bereit, bis zum Ende zu gehen. Doch als Öcalans Anwältin, die kurz zuvor nach mehr als acht Jahren zum ersten Mal wieder Zugang zu ihm erhalten hatte, seine Worte »Ich erwarte, dass die Aktion beendet wird«, verlas, gehorchten die Hungernden umgehend. Wieder einmal wurde deutlich: Auch zwanzig Jahre nach seiner Festnahme ist der PKK-Führer einflussreich wie eh und je unter seinen Anhängern. In einem Artikel in der *ZEIT* hieß es im Februar 2019:

> Da die Türkei die Todesstrafe nicht mehr praktiziert, wurde Öcalan zu lebenslanger Haft verurteilt. Bilder oder Videos von ihm gibt es nicht. Der Staat versucht alles, um Öcalan unsichtbar zu machen. Aber es ist ihm nicht gelungen. Bei kurdischen Protesten werden Fahnen mit dem Gesicht von Öcalan geschwenkt, bei Kongressen politischer PKK-Dachverbände wird der fast 70-Jährige nach wie vor als Held gehuldigt[2].

Auch unter den in Deutschland lebenden Kurden ist die Popularität Öcalans ungebrochen, wie die – eigentlich auch hierzulande inzwischen offiziell verbotenen – Fahnen mit seinem Konterfei zeigen, die auf jeder kurdischen Demonstration in Hamburg, Köln oder Berlin geschwenkt werden. Öcalan gibt dem kurdischen Widerstand gegen die türkische Politik und auch der seit bald hundert Jahren unerfüllten Sehnsucht nach einem eigenen kurdischen Staat ein Gesicht. Er, der nach Jahren in Einzel- und Isolationshaft auch noch im Januar 2019 über seinen Bruder ausrichten ließ, es gehe ihm gut, ist für viele seiner Anhänger ein Symbol für die Unbezwingbarkeit der Kurden und ihrer Hoffnung. Dass Öcalan und die von ihm mitgegründete PKK nie vor Gewalt zurückgeschreckt und für Dutzende blutige Selbstmordanschläge auf türkische Militärs, aber auch auf Touristen und Zivilisten in westtürkischen Großstädten, verantwortlich sind, spielt für die meisten Kurden, mit denen ich mich im Laufe der Jahre unterhalten habe, keine Rolle. Der Zweck heiligt die Mittel, heißt das Motto der seit Jahrzehnten vergeblich um ihre Rechte kämpfenden Minderheit im Südosten der Türkei.

Das »*lider*-Prinzip«

Dass der fromme Staatspräsident, der säkulare Republikgründer und der kurdische Guerillachef so verehrt werden, sind besonders herausstechende Beispiele für eine insgesamt tief verwurzelte Führerliebe in der türkischen Gesellschaft. Denn die Begeisterung für Autoritäten, denen man sich bedingungslos anschließen kann, zeigt sich längst nicht nur in der Politik. Das türkische Bildungssystem ist von einer Kultur der absoluten Untergebenheit gegenüber den Lehrenden durchdrungen, die auf deutsche und andere europäische Besucher schnell befremdlich wirkt. Schon die Kinder im Kindergarten lernen, ihre Erzieherinnen ehrerbietig mit »Mein Lehrer« oder »Meine Lehrerin« anzusprechen. Nicht Eigenständigkeit und Mut zur eigenen Entscheidung werden geschätzt und gefördert, sondern vielmehr Gehorsam, Fleiß und Folgsamkeit gegenüber dem Lehrer, der auch nach Meinung der meisten Eltern immer recht hat.

Auch in der türkischen Arbeitswelt ist keine Spur zu erkennen von dem hiesigen Trend zu flachen Hierarchien oder fast freundschaftlichen Verhältnissen zwischen Chef und Angestellten. Im Gegenteil. Der Glaube, dass ein guter Chef nicht nett sein und sich auf keinen Fall auf eine Ebene zu seinen Angestellten herablassen darf, war Konsens innerhalb meines Bekanntenkreises in der Türkei. Egal ob auf der Baustelle oder im IT-Büro, Freundlichkeit gilt als Zeichen der Schwäche. Von einem guten Vorgesetzten wird deswegen genau wie von einem politischen Führer, einem Lehrer oder auch von einem Familienvater erwartet, dass er mit harter Hand regiert, ein Machtwort spricht und sich in jedem Fall mit seiner Meinung durchsetzt.

Mustafa, ein Automechaniker mit kräftigen ölverschmierten Händen, der mit seinen fünf inzwischen erwachsenen Kindern in Erdoğans Istanbuler Geburtsviertel Kasımpaşa lebt, erzählt: »In unserem Viertel kann keiner einfach seinem Vater widersprechen. Selbst, wenn er es wagen sollte, würden die Menschen rundherum sofort eingreifen. Sie würden ihn warnen und zurechtweisen. Seinem Vater widerspricht man nicht.« Mustafa und seine Familie wählen selbstverständlich Erdoğan. Und je stärker und kompromissloser dieser auftritt, je lauter er in seinen Reden politische Gegner verteufelt oder gegen den Westen hetzt, desto mehr vertrauen sie ihm. Ein nachdenklicher, freundlicher, verhandelnder Politiker wäre für sie nicht mehr als ein Schwächling. Eine Angela Merkel in der türkischen Politik? Undenkbar!

Dass das längst nicht nur AKP-Anhänger so empfinden, zeigt ein Blick auf die Opposition. Sowohl die republikanische CHP als auch die nationalistische MHP und die meisten der kleineren, weniger einflussreichen Parteien waren und sind vollkommen auf einen mächtigen Vorsitzenden zugeschnitten. Ist er einmal gewählt, kann er meist über Jahre hinweg im Alleingang über Personalien, Inhalte und Strategien entscheiden sowie die Partei in der Öffentlichkeit verkörpern, als bestünde sie allein aus ihm selbst. So ist es zum Beispiel bei der MHP mit ihrem Vorsitzenden Devlet Bahçeli, der die Partei seit 1997 anführt und auch nach dramatischen Stimmverlusten bei Wahlen bisher nie auf die Idee kam, seinen Posten zu räumen.

Auch bei der CHP, deren Vorsitzender Kemal Kılıçdaroğlu immerhin sehr viel ruhiger und nachdenklicher auftritt als ein Erdoğan oder ein Bahçeli, ist das Führerprinzip unumstößlich. Allzu progressive und forsche Parteigenossen werden schnell ausgebremst. Der Parteivorsitzende tritt nicht zurück, obwohl große Wahlerfolge seit Jahren ausbleiben. Dass der im Vergleich dazu extrem reflektierte und zuweilen auch selbstkritische CHP-Kandidat Ekrem İmamoğlu Istanbuler Bürgermeister werden konnte, ist wohl mehr dessen Charisma und einer klar auf seine Person zugeschnittenen Strategie zu verdanken als der CHP als Partei. Statt eines wirklichen Neuanfangs, wie ihn viele Erdoğan-Gegner nach dem bemerkenswerten Wahlerfolg İmamoğlus vorhersagten, sehen wir bisher meiner Meinung nach vor allem eine weitere Bestätigung des immer gleichen Musters, demzufolge türkische Wähler sich gern starken Persönlichkeiten anschließen, auch innerhalb der so modern auftretenden CHP. Kritik an der »Allmacht« der Parteiführer gibt es jedenfalls auch aus ihren Reihen öffentlich kaum.

Tatsächlich hatte selbst die ungewöhnlich progressiv auftretende linksliberale und pro-kurdische HDP, die sich in so vielem bewusst von den alten Mustern der türkischen Parteienpolitik abzusetzen versuchte, in dem charismatischen Anwalt Selahattin Demirtaş von Anfang an ihren *lider*. Obwohl der Vorsitzende seit November 2016 im Gefängnis sitzt, sind die meisten HDP-Anhänger ihm weiter bedingungslos ergeben. Bei den Wahlen 2018 stellte ihn seine Partei sogar trotz anhaltender Inhaftierung als Präsidentschaftskandidaten auf – und mehr als vier Millionen Wähler gaben ihm ihre Stimme.

Obwohl die HDP mit ihrer Frauenquote, ihren liberalen Ansätzen und ihrer basisnahen Parteiarbeit mit Abstand die demokratischste Partei der Türkei sein dürfte, ist auch sie ganz klar auf eine Führungsfigur ausgerichtet. Kritik daran gibt es kaum. Die Journalistin Özlem Topçu brachte es in ihrer Türkei-Kolumne für die ZEIT unter dem Titel »Der Führer macht das schon« auf den Punkt:

Meistens erschöpft sich die Diskussion in der Frage, die ein Journalist kürzlich in der Fundamentaloppositionszeitung *Sözcü* formulierte: »Das Land braucht neue Führer!« Der Text kritisierte nicht das *Lider*-Prinzip als solches, sondern dass kein Parteivorsitzender in der Türkei zurücktritt, obwohl er Wahl um Wahl verliert.[3]

WOHER KOMMT DIE TÜRKISCHE FÜHRERLIEBE?

Beispiele für den Hang zahlreicher Türken, sich einem starken »Führer« anzuschließen, gibt es also viele. Wer den großen politischen Erfolg Erdoğans verstehen will, muss sich auch fragen: Woher kommt diese Sehnsucht nach einem starken Mann überhaupt? Um das zu ergründen, lohnt sich ein Blick in die türkische Geschichte. Denn um es mit den Worten der Istanbuler Schriftstellerin Ece Temelkuran zu sagen: »Der Grund, uns an gestern zu erinnern, weshalb ich von gestern berichten muss, ist doch herauszufinden, welche gestrigen Fluten uns den Schlamm von heute gebracht haben.«

Fehlende Demokratieerfahrung

Die »gestrigen Fluten« haben der Türkei viele Umbrüche – jedoch bei aller Kritik auch immerhin die erfolgreichste bzw. am längsten bestehende Demokratie in der islamischen Welt gebracht. Auffällig ist dabei allerdings, dass politische Neuerungen nie vom türkischen Volk angestoßen wurden, sondern in der Regel von der politischen Elite. Bis zu den Gezi-Protesten 2013 fehlten dem überwiegenden Teil der türkischen Gesellschaft kollektive Erfahrungen und Erinnerungen wie die der Französischen Revolution oder die der 68er-Generation völlig. Dabei waren es vor allem Ereignisse wie diese, die den europäischen Gesellschaften langsam und teilweise schmerzhaft beigebracht hatten, dass man um Demokratie und Grundrechte kämpfen kann und muss. Die Türken bzw. ihre osmanischen Vorfahren haben solche Kämpfe kaum je erlebt. Wenn es am Bosporus Reformen gab, dann kamen sie immer von oben. Sie wurden vom jeweiligen Herrscher entweder großzügig erlassen oder den Untertanen brutal aufgezwungen.

Das Osmanische Reich (1299–1922) wurde nach byzantinischem Vorbild stets von einem absolutistischen Herrscher regiert, dem Sultan. Keine Aristokratie umgab ihn dabei, die ihn bei seinen Entscheidungen hätte beeinflussen können. Stattdessen stand unter dem Sultan und seinem Regierungschef, dem Großwesir, lediglich die Masse der Untertanen. Diese teilte sich in *askeri* (Militärangehörige) und *reaya* (einfache Bürger) auf. Zu den *askeri* gehörten all jene, die direkt durch den Sultan mit irgendeiner Form von Macht ausgestattet worden waren – sei es im exekutiven oder im religiösen Sinne, namentlich also Verwaltungsbeamte, Soldaten und Geistliche (die zugleich auch für die Rechtsprechung im Reich zuständig waren). Sie hoben sich von der breiten Masse schon dadurch ab, dass sie sich anders kleideten als das einfache Volk, anders sprachen und aßen. Wie alle anderen Untertanen auch waren sie dabei jedoch vollständig von Gunst und Gnade des Sultans abhängig. Zu wirklicher Mitbestimmung im Reich waren sie genauso wenig wie sonst irgendjemand befugt.

1876 erließ Sultan Abdülhamid II. die erste Verfassung des Osmanischen Reiches, die sich inhaltlich stark an der belgischen Verfassung von 1831 orientierte. Nun konstituierte sich – ebenfalls zum ersten Mal – ein Parlament, das die ethnische und religiöse Vielfalt des Reiches spiegelte. Die Autorität des Sultans blieb allerdings absolut und unantastbar. Das Parlament hatte keinerlei Kontrollrechte über die Machtausübung des Herrschers. Der wiederum konnte das Parlament nach Belieben auflösen und Minister ein- oder absetzen, wann immer ihm danach war. Schon daran wird deutlich, was der österreichische Politikwissenschaftler Cengiz Günay 2012 in seiner *Geschichte der Türkei* festgehalten hat: »Der Parlamentarismus war nie im Interesse des Sultans gestanden.«

Warum führte er also überhaupt Reformen durch, wenn das Volk sie offensichtlich gar nicht gefordert und der Sultan sie nicht wirklich gewollt hatte? Günay erklärt:

> … vielmehr hatte der Sultan gehofft, durch die Gründung eines Parlaments und die Ausrufung einer Verfassung vor allem den Forderungen der europäischen Großmächte entgegenzukommen und dadurch militärischen Interventionen vorzubeugen.[1]

Doch es half alles nichts: Der Zerfall des Osmanischen Reiches war auch durch Reformen nicht mehr aufzuhalten. Die Zeit der Osmanen war spätestens nach der Niederlage im Ersten Weltkrieg endgültig vorbei. Nicht wenige ihrer Nachfahren am Bosporus glauben heute gar, dass eben diese Versuche des Sultans, den Parlamentarismus einzuführen und sich damit dem Westen anzubiedern, der Grund für den Niedergang gewesen seien. Die Demokratie sei »der Anfang vom Ende der Osmanen« gewesen, predigte mir einmal ein Grundschullehrer bei einer Erdoğan-Veranstaltung mit erhobenem Zeigefinger.

Atatürks »verordnete Demokratie«

Doch auch die Zeit nach dem Osmanischen Reich brachte den Türken die Demokratie zunächst nicht näher. Nachdem ihr Reich zerfallen und am 29. Oktober 1923 die Türkische Republik gegründet worden war, verordnete der neue Staatspräsident Mustafa Kemal seinen Landsleuten mehr oder weniger über Nacht die westliche Moderne. In den 15 Jahren seiner Regierungszeit ersetzte er das arabische Alphabet durch das lateinische, erließ eine Nachnamenpflicht für alle Türken, verschaffte den Frauen das Wahlrecht und führte statt des islamischen Kalenders den gregorianischen ein. Fortschritt und ein einflussreicher Islam – das ging für Atatürk nicht zusammen. Deshalb ersetzte er das islamische durch das Schweizer Zivilrecht, verbot das Tragen religiöser Kleidung und verlegte den wöchentlichen Feiertag vom islamischen Freitag auf den christlich-europäischen Sonntag. Kritik an dieser radikalen Fortschrittskur Atatürks war dabei absolut unerwünscht und wurde mit harten Strafen sanktioniert.

Die von den Osmanen gepflegte Tradition der Modernisierung von oben wurde damit in der Republik, die sich doch so deutlich vom Osmanischen Reich absetzen wollte, mehr oder weniger unverändert übernommen. Wieder einmal waren die Veränderungen nicht aus der Gesellschaft heraus zustande gekommen, sondern allein von einem mächtigen Herrscher angestoßen und umgesetzt worden, der meinte, am besten zu wissen, was für die unmündige Masse seiner Bürger am besten sei. Atatürks Reformen von oben festigten das unter den Osmanen bereits verinnerlichte Selbstverständnis der Türken als Untertanen also nur noch weiter. Das beweist letztendlich

»die autoritäre und undemokratische Natur des kemalistischen Staates«.[2]

Der heutige Präsident Erdoğan baut genau auf diesem Prinzip auf, wenn er zum Beispiel großzügig sogenannte Demokratiepakete mit Dutzenden Reformen erlässt, die zuvor weder in der Gesellschaft noch im Parlament diskutiert worden sind – oder auch, wenn er seinen Bürgern wochenlang große »Überraschungen« verspricht. Meist sind das Infrastrukturprojekte, die dann medienwirksam verkündet und bejubelt werden. Jede neue Brücke, jede Eröffnung einer neuen Metrostrecke wird in den Erdoğan-nahen Medien zum großzügigen Geschenk des Herrschers an sein Volk hochstilisiert. Noch Monate später zieren überdimensionale Plakate mit Dankesbekundungen an den Präsidenten die betroffenen Bauwerke. Und auch seine Anhänger benehmen sich eher wie Untertanen als wie mündige Bürger, wenn sie sich regelmäßig jubelnd für seine Großzügigkeit bedanken. Die Tatsache, dass ihr Präsident eigentlich nur seine Pflicht tut, wenn er Steuergelder in die Hand nimmt, um damit das Verkehrssystem des Landes auszubauen oder eine neue Sporthalle zu eröffnen, scheint für sie keine Rolle zu spielen.

Die Angst vor dem Chaos

Was bereits zu osmanischen Zeiten begann und sich unter Republikgründer Atatürk und seinen Nachfolgern fortsetzte, gilt im Prinzip bis heute unverändert: Der großen Mehrheit der Türken fehlt auch beinahe 100 Jahre nach der Gründung ihrer Republik nicht nur das Vertrauen in die Kraft ihrer eigenen Gesellschaft, sondern auch in die Demokratie als solche. Wer sich heute am Bosporus umhört, der wird darüber hinaus schnell merken, dass viele Menschen regelrecht Angst vor einer Türkei ohne starken Führer à la Erdoğan oder Atatürk haben. Die Folge, so glauben sie, können nur Chaos und Anarchie sein. Denn anders haben sie es in der Geschichte bisher ja nicht erlebt.

Nach dem Ersten Weltkrieg, als das Osmanische Reich zerfiel, war es Mustafa Kemal Atatürk, der mit harter Hand für Ruhe sorgte, nachdem er Engländer und Griechen militärisch besiegt und so immerhin ein letztes Stück des einst riesigen Osmanischen Reiches für die neue Türkische Republik hatte retten können. Atatürk selbst soll den späteren Kult um seine Person zwar abgelehnt haben, sorgte jedoch von Anfang an zumindest dafür, dass seine Führungsrolle im Staat absolut unantastbar war. Kritiker aus den eigenen Reihen wurden früh kaltgestellt, Aufstände teilweise blutig niedergeschlagen, andere Parteien als die von ihm gegründete CHP nicht zugelassen.

Nach Demokratie klingt das nicht. Dennoch sind sich seine zahlreichen Anhänger bis heute sicher, dass sich ihr Land in dieser Zeit nicht trotz, sondern wegen Atatürks autoritärem Führungsstil in Riesenschritten in Richtung Moderne entwickelte. Gern verweisen sie auf Nachbarländer wie Syrien und Irak, denen die Türkei heute – dank Atatürks Reformen – tatsächlich vor allem in Bereichen wie Wirtschaft und Bildung einiges voraushat, zumindest aus westlicher Perspektive betrachtet. Genau das war das Ziel des Republikgründers: Er wollte weg von den »rückständigen Arabern«, auf nach Europa, und das um jeden Preis.

Sein Weggefährte und unmittelbarer Nachfolger İsmet İnönü, der das Land bis zum Jahr 1965 als Präsident und später als Ministerpräsident prägte, setzte ebenfalls lange Jahre auf eine autoritäre Amtsführung. Kritik und Pluralismus blieben unter seiner Herrschaft zunächst unerwünscht. Dennoch war es İnönü, der am Ende dem Drängen einer kleinen bürgerlichen Schicht nachgab und das Mehrparteiensystem zuließ. Nach Meinung vieler Türken leitete er damit jedoch zugleich seinen eigenen Untergang und das um sich greifende Chaos ein, das das Land in den 60er und 70er Jahren lähmte: Ständig wechselnde Koalitionen und Regierungen waren nur noch damit beschäftigt, gegeneinander zu kämpfen, anstatt die vielen Probleme des Landes anzupacken. Rechter und linker Terror sorgten für Angst und Schrecken, so dass Millionen Türken sich verängstigt von der Politik abwandten. Tausende kamen durch politische Gewalt um oder verschwanden in den Gefängnissen des Landes.

Ganz zu schweigen von der Gewalt zwischen türkischem Militär und kurdischer PKK, die vor allem den Südosten des Landes regelrecht in ein Kriegsgebiet verwandelte. Dreimal (1969, 1971 und 1980) griff das Militär putschend ein, um die Republik zu beschützen. Damit schien es den Menschen ein ums andere Mal zu beweisen: Seht her! Ohne Grenzen, ohne die allmächtige Rolle des Militärs endet jegliche Demokratie zwangsläufig irgendwann in Chaos und Gewalt.

Dieses Gefühl brannte sich tief in das kollektive Gedächtnis der Türken ein und führte zu einer stark ausgeprägten Obrigkeitsgläubigkeit auf der einen und einem tiefen Misstrauen gegenüber der Demokratie auf der anderen Seite. Beides hält bis heute an.

Sehnsucht nach Stabilität

Besonders deutlich wurde mir das bei einer Veranstaltung in der renommierten Istanbuler Marmara-Universität im Spätsommer 2016, bei der der »Märtyrer und Veteranen« gedacht wurde, die bei dem gescheiterten Putsch knapp sechs Wochen zuvor »ihr Leben bei dem Versuch riskiert hatten, die Demokratie zu verteidigen« – so ist es heute in jedem türkischen Schulbuch zu lesen. Zur Erinnerung: Mehr als 260 Menschen starben, als sich in der Nacht vom 15. auf den 16. Juli Teile des türkischen Militärs gegen die Erdoğan-Regierung erhoben, die Bosporusbrücken und andere strategische Punkte in Istanbul mit Panzern blockierten sowie das Parlament in Ankara bombardierten.

All das löste Angst und Schrecken bei der türkischen Bevölkerung aus, die nach Militärputschen im Jahr 1960, 1971 und 1980 sehr genau weiß, dass auf solche Aufstände kaum jemals bessere Zeiten folgen. In Deutschland und Europa wollte das lange niemand glauben, aber unter den sonst so gespaltenen Türken herrscht ungewöhnliche Einigkeit darüber, dass dieser Angriff auf eine nicht überall beliebte, aber eben doch durch mehr oder weniger demokratische Wahlen legitimierte Regierung ein Verbrechen war.

Genau deswegen mache ich bis heute die Erfahrung, dass eigentlich alle Türken – also auch offen regierungskritische – froh darüber sind, dass dieser völlig unerwartete Putschversuch vom Sommer 2016 scheiterte. Dementsprechend waren auch die Gedenkveranstaltungen für die sogenannten Veteranen der Putschnacht zumindest am Anfang vollkommen akzeptiert in der Gesellschaft, genauso wie die strikte Verfolgung eines jeden, der in irgendeiner Form der beschuldigten Gülen-Bewegung nahezustehen schien. Bei einer dieser Veranstaltungen traf ich den jungen Istanbuler Anwalt und Journalisten Halil Arslan. Was wir Deutschen gegen Erdoğan und die Türkei hätten, fragte er zugleich freundlich und herausfordernd, nur um sogleich hinzuzufügen: »In unserem Land gibt es eine vom

Volk gewählte Regierung. Niemand hat sie uns aufgezwungen. Was also ist euer Problem? Wie könnt ihr sagen, die Türkei sei undemokratisch?«

Das von Erdoğan Stück für Stück wieder etablierte Ein-Mann-System und der Begriff der Demokratie standen für Halil Arslan nie im Widerspruch zueinander. Denn genau wie für Millionen andere Türken auch ist das zentrale Element einer Demokratie für ihn der regelmäßige Gang zur Wahlurne. Wer dort gewinnt, so die allgemeine Überzeugung unter den AKP-Anhängern, darf alles. Die Verlierer dürfen nichts. In seinen Artikeln preist der junge Journalist Recep Tayyip Erdoğan auch deswegen als den »demokratischsten Führer, den die Türkei je hatte«, schließlich wurde er gewählt und immer wieder bestätigt durch den Willen von Millionen Türken.

Dass der Präsident dabei nach und nach sämtliche Kontrollinstanzen abgeschafft oder wirkungslos gemacht hat, ist für Halil Arslan kein schlechtes, sondern ein gutes Zeichen. »Die Türken wurden traditionell immer von einer einzelnen Person regiert. Ihre ganze Geschichte hindurch. Sogar, als Atatürk die Republik ausrief, gab es für mehr als 20 Jahre nur eine Partei. Und die wiederum wurde von einem einzelnen Mann geführt«, argumentierte der 35-Jährige:

Nicht das Ein-Mann-System jetzt, sondern die fünfzig Jahre davor sind also eigentlich die Ausnahme, in der es plötzlich sowohl einen Präsidenten als auch einen Premier gab. Eine Art Doppelspitze. Und in genau dieser Zeit hatten wir drei Militärcoups und einen Putschversuch in diesem Land! Das zeigt doch: Unserem Volk steht eine zentrale Führung ganz einfach besser. Die Türken sind kulturell nicht für Koalitionen und pluralistische Systeme geschaffen.

Mein Schweigen spornte den glühenden Erdoğan-Fan zu immer weiteren Erklärungen an. Er war sich seiner Sache absolut sicher: »In Europa mag das anders sein. Aber wir hier brauchen einen Anführer, der sagt: Was immer los ist, am Ende entscheide ich«, erklärte er. »Das sorgt für Stabilität. Und nur in einem stabilen Land lassen sich die vielen Probleme anpacken, die wir hier haben.«

Halil Arslans Argumentation zeigt, dass die Sehnsucht nach eben dieser Stabilität viel größer ist, als man es sich im heutigen Deutschland vielleicht vorstellen kann. In einem Land, in dem seit seiner Gründung vor 95 Jahren von den Bürgersteigen über die Wirtschaft bis zur Demokratie nie etwas solide und von Dauer war, ist sie für viele Türken das Allerwichtigste. Das erklärt deren Begeisterung, ja fast möchte man sagen, kulthafte Verehrung für einen starken Führer wie Erdoğan, der zumindest die Hoffnung auf eine solche Stabilität verkörpert und sie in seinen Wahlkämpfen ganz gezielt immer wieder verspricht.

Osmanische Träume, oder: Wir, die Erben eines Weltreichs

Auch der zweite Grund, der nach meiner Erfahrung mit ausschlaggebend für den Erfolg Recep Tayyip Erdoğans sowie die allgemeine Begeisterung der türkischen Gesellschaft für starke »Führer« ist, liegt in der Geschichte des Landes: Viele Türken trauern 100 Jahre nach seinem Untergang noch immer dem Osmanischen Reich hinterher, dessen Zerfall nie verwunden geschweige denn aufgearbeitet wurde.

Das Sèvres-Syndrom

Tatsächlich hat kaum etwas das politische System der heutigen Türkei, aber auch die Kultur und das Selbstverständnis der türkischen Bürger so sehr geprägt wie der unrühmliche Zerfall des Osmanischen Reiches. Seitdem sitzt die Angst tief, ausländische Mächte könnten ein zweites Mal kommen, um die Republik Türkei (als Nachfolgerin des Osmanischen Reiches) zu besetzen und unter sich aufzuteilen. Dieses sogenannte »Sèvres-Syndrom« wurde benannt nach dem Friedensvertrag, der den im Ersten Weltkrieg unterlegenen Osmanen 1920 im französischen Sèvres praktisch aufgezwungen wurde. Nach einhelliger Meinung von Historikern (auch außerhalb der Türkei) wurde das Osmanische Reich damals weit härter bestraft als zum Beispiel das Deutsche Reich durch den Vertrag von Versailles.

Diese Erfahrung prägt bis heute die politische Kultur in der Türkei und sorgt dafür, dass Angst, Misstrauen und ein nicht selten übersteigerter Nationalismus jede öffentliche Debatte mitbestimmen. Das Sèvres-Syndrom äußert sich an beinahe jedem türkischen

Abendbrottisch in Form von fast schon panischen Reaktionen gegenüber kurdischen Autonomieforderungen, der allgegenwärtigen Angst vor ausländischen Agenten und inländischen Kollaborateuren oder eben der Sehnsucht nach einem starken, unteilbaren, straff geführten Staat. Längst nicht nur Erdoğan und die AKP greifen deswegen in ihren Wahlkämpfen immer wieder auf genau diese Gefühle zurück. Vor den Kommunalwahlen im Frühjahr 2019 zum Beispiel wandte sich Erdoğans Verbündeter, der Nationalistenführer Devlet Bahçeli, mit folgenden Worten an die Wähler:

Noch nie in unserer Geschichte sind wir in Ruhe gelassen worden. Noch nie in unserer Geschichte haben wir eine Zeit erleben dürfen, in der wir nicht Gefahren und Drohungen ausgesetzt waren. Sie haben uns immer angegriffen. Seit wir Anatolien erobert haben, sind 948 Jahre vergangen, aber das Echo ist noch nicht verhallt, die Rechnung ist noch nicht beglichen.

Diese Abrechnung ist eine zwischen der Nation der muslimischen Türken und den Sehnsüchten der Kreuzritter. [...] Auf der einen Seite dieser Rechnung stehen die türkisch-islamische Kultur und die große türkische Nation; auf der anderen Seite stehen uns die Tyrannen, die Verräter, die Imperialisten und leider auch die bei uns eingedrungenen lokalen Kollaborateure mit all ihrer Entschlossenheit gegenüber.

Wir sind um des Überlebens unserer Nation willen zusammengekommen und treten den Feinden der Türken und des Islam und deren neuen Komplotten, Angriffen und Vernichtungsversuchen entgegen. Es soll niemand sagen, es gehe nicht ums Überleben. Die Kugeln, die von dem Verbrecher in Neuseeland abgefeuert wurden, galten uns allen. Das vergossene Blut ist nicht nur das unserer unschuldigen und unterdrückten Brüder, sondern unser aller Blut. [Anm.: Gemeint ist das damals nur wenige Tage zurückliegende Massaker eines australischen Rechtsterroristen in zwei neuseeländischen Moscheen, das 51 Menschenleben kostete und auch von Präsident Erdoğan als Kreuzzug des Westens gegen die Muslime und die Türkei bezeichnet wurde.]

Ist jetzt klar, warum das Überleben so wichtig ist? Ist jetzt deutlich geworden, warum die Wahl vom 31. März eine Wahl des Überlebens ist? Wenn wir eins sind, werden sie diese Nation nicht unterkriegen [...]. Wenn wir zusammenhalten, werden sie die Türkei nicht besiegen können.³

Wenn Devlet Bahçeli, Recep Tayyip Erdoğan, aber auch Politiker der republikanischen Oppositionspartei CHP den starken türkischen Staat beschwören, dem das Wohlergehen von Minderheiten und die Rechte des Einzelnen nach Meinung der meisten Türken unterzuordnen sind, folgen sie damit letztendlich nur der Tradition der vergangenen hundert Jahre. Denn so föderalistisch und dezentral das Osmanische Reich aufgebaut war, so zentralistisch und auf eine autoritäre Führung ausgerichtet war seine Nachfolgerin, die Republik Türkei. Nie wieder sollte ein derartiger Kontrollverlust möglich sein, wie er am Ende der osmanischen Ära geherrscht haben muss. Und nie wieder wollte man eine Schmach erleben wie die des Diktatfriedens von Sèvres im Jahr 1920, der wie gesagt gemeinhin als noch härtere Bestrafung gilt als der Vertrag von Versailles, der nur ein Jahr zuvor abgeschlossen worden war. Letzterer mag von den Deutschen ebenfalls als Schmach empfunden worden sein und das Deutsche Reich geschwächt haben. Der Vertrag von Sèvres jedoch stellte die Existenz des türkischen Staates insgesamt in Frage.⁴

Einen unantastbaren »Sultan«, der allein die Kontrolle über alle politischen Entscheidungen innehat, halten viele Türken folglich für das beste Mittel, um innere wie äußere Feinde abzuwehren und endlich wieder zu alter Größe zurückzufinden.

Kunst und Kitsch aus dem Harem

Dafür, dass diese »Sultanssehnsucht« weiterhin wächst und gedeiht, sorgen teilweise stark die Geschichte verklärende Filme und Fernsehserien, deren Zahl zugenommen hat, seit die AKP in der Türkei regiert. Der Film *Fetih 1453* über die osmanische Eroberung Istanbuls im Jahr 1453 zum Beispiel avancierte schon kurz nach seinem Kinostart im Februar 2012 zum erfolgreichsten türkischen Film aller Zeiten. Im Nu waren die 17 Millionen Dollar Produktionskosten wieder eingespielt. Der Streifen bediente genau die angesprochenen Sehnsüchte vieler Türken nach den Zeiten, in denen ihre Vorfahren noch eine Weltmacht darstellten.

Auch durch rhetorische Anspielungen, das öffentliche Gedenken an osmanische Helden und Siege oder die Förderung von osmanischen Kulturveranstaltungen, Festen und Sportarten (wie z. B. Bogenschießen oder auch Öl-Ringkampf) und Festen befeuern konservative türkische Politiker diese Sehnsüchte regelmäßig. Mit Erfolg – unter der AKP hat sich ein regelrechter Osmanenkult in der Türkei ausgebreitet. Egal ob Schmuckkollektionen, Bucheditionen oder ganze Wohnungseinrichtungen – fast alles lässt sich am Bosporus längst wieder im vermeintlichen Stil der Osmanen erstehen. Ganz zu schweigen von den zahlreichen Restaurants, die sich stolz auf die traditionelle Palastküche von einst berufen.

Mitten im Gewühl des Großen Basars von Istanbul traf ich einst auf den Händler Fuat, der mit einem kürbisartigen Osmanenhut auf dem Kopf in seinem Laden voller rot-goldener Samtgewänder stand. »Das hier sind Kopien der Kleider, die die Sultane einst trugen. Alles handgemacht«, erklärte er stolz, während er sein Maßband um die Taille einer jungen Frau legte. Die 22-jährige Seden stand kurz vor ihrer Hochzeit. Das Kleid, das sie bei Fuat für ihre Henna-Nacht (eine Art Junggesellinnenabschied für die Braut und alle weiblichen Verwandten des Brautpaars) ausgesucht hatte, trug die Frau des Sultans in Sedens Lieblingsserie *Muhteşem Yüzyıl* – zu Deutsch: ›Wunderbares Jahrhundert‹.

Von 2011 bis 2014 trug die Seifenoper rund um Liebschaften und Intrigen am Sultanspalast den Osmanenkult verlässlich in fast alle Wohnzimmer der Türkei. Mit ihren insgesamt 139 Folgen brach sie immer wieder Quotenrekorde im Abendprogramm und machte damit nicht nur den Basarhändler Fuat zu einem wohlhabenden Mann. »Früher wussten viele Türken gar nicht mehr so genau, wie osmanische Kleider eigentlich aussahen«, gesteht er. »Aber seit sie es im Fernsehen sehen, denken sie sich: Ach wie schön wäre es, wenn ich auch einmal ein Kleid von damals tragen könnte. Und dann kommen sie zu mir.«

Was belanglos klingt, ist viel mehr als nur eine kitschige Modeerscheinung. Anspielungen auf die glorreiche Vergangenheit sind zu einem wichtigen innenpolitischen Instrument in Ankara geworden. »Die AKP ist die Bewegung, die das Interregnum beendet und den türkischen Staat restauriert hat«, verkündete der neue AKP-Ministerpräsident Ahmet Davutoğlu im Sommer 2014. Mit dem »Interregnum« konnte nichts anderes gemeint sein als die 80 Jahre der türkischen Republik zwischen dem Ende des Osmanischen Reichs 1922 und dem Machtantritt der AKP 2002. Die neu erstarkte Bewunderung für alles Osmanische stärkt all jene, die diese Zeit für eine Art historischen Ausrutscher halten, den Erdoğan und Co. mit ihrer Rückbesinnung auf die Osmanen nun wiedergutmachen.

Vor diesem Hintergrund ist es ganz klar politisches Kalkül, dass etwa die dritte Bosporusbrücke, die 2015 in Istanbul fertiggestellt wurde, den umstrittenen Namen »Yavuz-Sultan-Selim-Brücke« erhielt oder dass fast alle Moscheeneubauten – allen voran die 2014 eröffnete Çamlıca-Moschee in Istanbul – sich stilistisch klar am osmanischen Vorbild orientieren. Längst nicht nur der einstige Premierminister Ahmet Davutoğlu sah die AKP-Regierung als natürliche Fortsetzung der Sultansherrschaft. Gerade in den Anfangszeiten der AKP, als die Türkei sich erst langsam von einer Währungskrise erholte, als Armut und innenpolitische Konflikte die Tagesordnung bestimmten, ließ sich aus der osmanischen Vergangenheit das Selbstbewusstsein schöpfen, das in der Gegenwart so häufig fehlte.

»Auch die Enttäuschung darüber, nicht in die Europäische Union aufgenommen zu werden, stimmte damals viele Türken hoffnungslos«, erklärte mir die Soziologin Nilüfer Narlı von der privaten Istanbuler Bahçeşehir-Universität:

Dann wurden sie trotzig und sagten sich: Soll die EU uns doch ablehnen – wir brauchen sie eh nicht. Wir sind die Enkel eines glorreichen Weltreiches! Unsere osmanischen Großväter konnten mehrere Sprachen, sie formten die Weltpolitik und lebten in atemberaubenden Palästen. Solche Gedanken gaben den Türken einen Grund, wieder stolz auf sich zu sein.

Dazu passt die Forderung von Präsident Erdoğan aus dem Jahr 2014, Osmanischunterricht an türkischen Gymnasien zum Pflichtfach zu machen. Erdoğan traf einen Nerv, als er damals beklagte, dass die Türken heute nicht mal mehr in der Lage seien, die Grabsteine ihrer Vorfahren zu entziffern, weil Republikgründer Atatürk das Osmanische einst kurzerhand abgeschafft und die türkischen Bürger zum Erlernen des lateinischen statt des bis dahin genutzten arabischen Alphabets verdonnert hatte. Schüler in der Türkei, so Erdoğan, sollten in Zukunft wieder wissen, wie groß und mächtig das Reich ihrer Vorfahren einst war. Dazu müssten sie als Erstes die Sprache lernen, die heute tatsächlich nur noch Turkologen beherrschen. Kritiker wie der Journalist Serkan Demirtaş von der Zeitung *Hürriyet* klagten zwar:

> Ein Schulsystem, das komplett dabei versagt hat, den Schülern Englisch und andere weltweit gesprochene Fremdsprachen beizubringen, konzentriert sich nun auf Osmanisch, die Sprache unserer Vorfahren, in deren Tradition sich unsere derzeitige politische Führung sieht.

Doch das Bildungsministerium kam der Forderung des Präsidenten zumindest teilweise nach. An den landesweit fast 5000 religiös ausgerichteten İmam-Hatip-Schulen – staatlichen Mittelschulen und Gymnasien, an denen auch das Leben des Propheten Mohammed und das Koranlesen zum Pflichtlehrplan gehören – ist Osmanisch heute ein Standardfach.

Erdoğan, der Neo-Osmane?

Als »neo-osmanisch« wird die Politik der AKP aufgrund all dessen gern bezeichnet. Mancher Kommentar in den deutschen Medien beschäftigte sich bereits mit der Frage, ob angesichts der Rückbesinnung auf die Osmanen auch neue türkische Eroberungsfeldzüge auf dem Balkan oder in der arabischen Welt zu erwarten seien. Dazu ist es bisher nicht gekommen – obwohl die Türkei zum Beispiel durch Moscheebauten im Kosovo oder Kulturzentren in Sarajevo sehr deutlich und unübersehbar versucht, in dieser Region an Einfluss zu gewinnen.

Dennoch trifft der Begriff neo-osmanisch nur teilweise zu, findet jedenfalls der Istanbuler Historiker Erdoğan Aydin. Auch sonst sei die angebliche Rückbesinnung auf die mächtigen Vorfahren kein allumfassendes Phänomen. Denn das durch und durch positive Osmanenbild, auf das die konservativen Politiker in Ankara sich gern berufen, habe mit der wahren Geschichte nur wenig zu tun: »Das Osmanische Reich wird den Menschen als ein perfekter Rechtsstaat aufgezeigt«, erklärt Aydin. »Aber wir Historiker wissen, dass die Realität anders aussah. Wenn wir zurückblicken, sehen wir ein despotisches Regierungswesen, in dem die große Masse der Bürger nicht mehr als Sklaven waren.«

Das Osmanenbild aber, das schon türkische Grundschüler heute im Unterricht vermittelt bekommen, spart unpopuläre Wahrheiten lieber aus. Oft ist es nicht weniger romantisch als das Leben zwischen Sultanspalast und Harem in *Muhteşem Yüzyıl* – der bereits erwähnten türkischen TV-Serie über die Zeit des Sultans Süleyman des Prächtigen im 16. Jahrhundert, die in 22 Sprachen übersetzt und von weltweit über 150 Millionen Zuschauern verfolgt wurde. Gerade unter muslimisch-konservativen Türken galt sie lange als populär und sogar identitätsstiftend – bis Erdoğan, damals noch Ministerpräsident, plötzlich anfing, öffentlich gegen die zunächst von seiner eigenen Regierung mit Wohlwollen betrachteten Serie zu wettern. »So einen Vorfahren kennen wir nicht«, schimpfte er über den Helden der Serie. Der echte Süleyman der Prächtige habe sein Leben keineswegs im Harem, sondern auf dem Rücken seines Pferdes verbracht, betonte der Premier. Und weiter: »Wir haben die Autoritäten darüber informiert und warten auf eine gerichtliche Entscheidung.«

Die allerdings war dann am Ende gar nicht mehr nötig. Kurz nach Erdoğans verbalen Attacken ließ der Sender den Quotenhit früher als geplant auslaufen. Erdoğan hatte gewonnen, und zwar im doppelten Sinne, glaubt Historiker Aydin. Denn auch in diesem Fall ging es am Ende um mehr als nur Geschmacksfragen:

Er hat vor allem gegen alles in dieser Serie opponiert, was das Image des Sultans beschädigen oder seine Untertanen als kritikfähige Bürger zeigen könnte. Denn anhand der Osmanen soll ein Traum kreiert werden. Die Menschen in der Türkei sollen denken:

Wenn auch wir unserem Machthaber bedingungslos gehorchen, dann wird die Türkei wieder so mächtig, wie die Osmanen es einst waren.

Das Präsidentensystem sei »in der Geschichte und in den Traditionen der Türkei verankert«, verkündete Erdoğan in diesem Sinne Anfang 2017 bei einer Rede im südosttürkischen Malatya. »Das Führersystem« liege den Türken »in den Genen«. Die Menge jubelte. Und kurz darauf akzeptierte die Bevölkerung, wenn auch mit äußerst knapper Mehrheit, per Referendum den von Erdoğan vorgeschlagenen Systemwechsel, der dem zukünftigen Präsidenten eine Art Allmacht verlieh und das türkische Parlament weitgehend entmachtete. Der osmanische Sultan brauchte schließlich auch kein Parlament, um eine Weltmacht zu führen. Im Gegenteil.

ERDOĞAN IST NICHT DAS (EINZIGE) PROBLEM!

Die vorangegangenen Ausführungen können natürlich nur einen kurzen Einblick in die vielfältige türkische Geschichte bieten. Wohl aber können und sollen sie zum Verständnis meiner These beitragen, dass der vielgescholtene und meiner Meinung nach damit maßlos überbewertete Präsident Erdoğan gar nicht das eigentliche Problem der türkischen Demokratie ist. Ein machtgieriger, rücksichtsloser Poltergeist mag das Symptom einer stark verunsicherten, sich nach Anerkennung und Größe sehnenden Gesellschaft sein. Die Ursache der aktuellen Probleme am Bosporus aber ist er nicht. Der anhaltende Erfolg des »Großen Meisters«, wie ihn seine Anhänger nennen, ist lediglich die Folge einer Vielzahl von Komplexen und Phänomenen, die die türkische Gesellschaft oft bereits seit Jahrzehnten oder gar Jahrhunderten prägen – und an denen wir Europäer teilweise alles andere als unschuldig sind.

Das entschuldigt sein zunehmend un- und antidemokratisches Verhalten in keiner Weise. Es macht vielmehr die Lage insgesamt noch dramatischer, als sie ohnehin schon wahrgenommen wird. Denn sollte Erdoğan eines Tages abtreten, vom Blitz getroffen oder doch ins Gefängnis gesteckt werden, besteht kaum Hoffnung, dass seine Nachfolgerin oder sein Nachfolger sich viel demokratischer verhalten würde als er. Er oder sie hätte das schlicht und einfach nicht nötig. Denn ein Großteil der türkischen Gesellschaft sehnt sich dieser Tage eben nicht vor allem nach Demokratie, Pressefreiheit etc., sondern noch mehr nach Stärke, Macht und Anerkennung – und zwar sowohl im nationalen als auch im internationalen Rahmen. Von dem global um sich greifenden Hau-drauf-Politikstil à la Donald Trump fühlen sich die meisten Türken denn auch nicht etwa abgeschreckt, sondern eher noch bestätigt. Seht her, sagen sie: So muss man heutzutage Politik machen, um gehört und geachtet zu werden.

Für die Türkei bedeutet das: Präsident Erdoğan ist trotz all seiner persönlichen Erfolge und Grenzüberschreitungen so austauschbar wie fast jeder andere Politiker auch. Er ist keine Ausnahmeerscheinung, die die Türkei im Alleingang zu dem gemacht hat, was sie heute ist. Und aus diesem Grund würde sein Abgang allein keineswegs für demokratischere Zustände am Bosporus sorgen. Denn das Grundproblem der türkischen Demokratie bleibt unabhängig von der Person Erdoğans bestehen.

Wer der Türkei wirklich helfen will, der muss deswegen viel tiefer ansetzen als bei der meist im konkreten Fall aufflammenden und dann ergebnislos verpuffenden Erdoğan-Kritik. Er muss Ursachen statt Symptome bekämpfen und dabei konsequent sein. Ich stimme der Linken-Politikerin Sevim Dağdelen nicht immer zu und halte ihre polarisierende Ausdrucksweise für wenig zielführend. Aber ihre Bestandsaufnahme der aktuellen deutschen Türkeipolitik trifft leider zu: »Es ist eine Außenpolitik ohne Zukunft. Es ist eine Außenpolitik ohne jede Strategie, die von einer schieren Gelegenheit zur anderen taumelt.« Damit muss Schluss sein.

GESUCHT: LANGFRISTIGE STRATEGIEN IM UMGANG MIT DER TÜRKEI

Immer wieder behaupten Politiker und Journalisten sowohl aus dem rechten als auch aus dem linken Spektrum, die beste Waffe gegen ein zunehmend autokratisch agierendes Erdoğan-Regime sei wirtschaftlicher Druck. Die deutsche Bundesregierung muss sich deswegen bis heute viel Kritik anhören, wann immer es zu neuen Initiativen im deutsch-türkischen Wirtschaftsaustausch kam und kommt. Unterstützt sie Erdoğans Kurs nicht, wenn sie weiter Handel mit ihm treibt? Müsste man nicht jedes Geschäft verweigern, wenn das Gegenüber sich nicht an demokratische Standards hält, sondern Kritiker verhaftet und Menschenrechte beschneidet? Wenn der Kurs der türkischen Lira falle, so die Annahme derjenigen, die diesen Kurs besonders konsequent vertreten, dann stürze der türkische Präsident über kurz oder lang mit ihm. Die Wirtschaft sei die Achillesferse des Erdoğan-Regimes.

Nun steckt die türkische Wirtschaft tatsächlich in der Krise: 2018 und 2019 schrumpfte sie kontinuierlich, die einst starke türkische Lira ist zur Ramschwährung verkommen, Arbeitslosen- und Inflationsraten am Bosporus sind auf Rekordniveau. Aber hat Erdoğan deswegen an Macht verloren? Oder ist seine Politik gar demokratischer geworden? Nein. Die Tiraden gegen Kritiker, die Verurteilungen von Journalisten und die massenhaften Entlassungen von Beamten, denen pauschal Verbindungen zur Gülen-Bewegung oder anderen als Terrororganisationen eingestuften Gruppierungen nachgesagt werden, halten an. Die Hoffnung, die auch in deutschen Medien immer wieder geäußert wurde, hat sich zerschlagen: Die Wirtschaftskrise am Bosporus hat keineswegs zur Wiederherstellung demokratischer Verhältnisse in der Türkei geführt.

Immerhin wurde der nach dem Putschversuch verhängte Ausnahmezustand nach siebenmaliger Verlängerung im Sommer 2018 endlich aufgehoben, und auch die dreisten Provokationen gen Deutschland (das nach wie vor der wichtigste Handelspartner der Türkei ist) sind weniger geworden. Nazivorwürfe an die Adresse der Bundeskanzlerin zum Beispiel hat es seit 2017 nicht mehr gegeben, stattdessen betonte Erdoğan 2018 noch einmal den Willen der Türkei, so bald wie möglich der EU beizutreten.

Dennoch kann von guten demokratischen Verhältnissen zu Hause und guten Beziehungen zum Westen nicht die Rede sein. Stattdessen zeigt der im Oktober 2019 begonnene türkische Einmarsch in Nordsyrien noch einmal eindrücklich, wie wenig Erdoğan Konsequenzen vonseiten des Westens fürchtet, der sich einstimmig gegen diese völkerrechtswidrige Militäraktion ausgesprochen hatte. Ungeachtet dessen bleiben zahlreiche deutsche Beobachter bei ihrer zunehmend hilflos wirkenden These, durch wirtschaftlichen Druck lasse sich Erdoğan ernsthaft beeinflussen. So heißt es zum Beispiel in diesem Artikel in der *Süddeutschen Zeitung* vom 15. Oktober 2019:

> US-Präsident Donald Trump hatte Erdoğan die Zerstörung der türkischen Wirtschaft in Aussicht gestellt. Aus Brüssel bedarf es keines solchen Tweets an der Grenze zum Wahnsinn, um Erdoğan an seine ökonomische Verwundbarkeit zu erinnern. Die Abhängigkeit der Türkei vom Handel mit der EU ist offenkundig.[1]

Noch einmal: Wenn Präsident Erdoğan wirklich solche Angst um die türkische Wirtschaft hätte, würde er sich unter den aktuellen Krisenbedingungen, in denen sich sein Land befindet, kaum einen militärischen Alleingang erlauben, der ihn international weiter isoliert und sein Land auch als Wirtschaftsstandort zunehmend unattraktiver macht. Jeder weiß, dass Großinvestoren nicht unbedingt auf Demokratie angewiesen sind (siehe China). Aber sie brauchen Stabilität und eine möglichst berechenbare Regierung. Beides kommt der Türkei allmählich abhanden.

Es ist schwer, abschließend zu beurteilen, ob wirtschaftlicher Druck kurzfristig hilft oder nicht. In konkreten Fällen, wie zum Beispiel bei der Freilassung des lange inhaftierten *Welt*-Korrespondenten Deniz Yücel, mögen Drohungen, das Einfrieren bzw. Verzögern von Waffenlieferungen und die Aussicht auf Finanzhilfen zu positiven Ergebnissen geführt haben. In anderen Fällen liefen und laufen sie völlig ins Leere. Fest steht: Als langfristiges Mittel und Werkzeug, um mehr Demokratie am Bosporus zu erzwingen, taugen sie nicht. Vor allem dringen solche Sanktionen nicht zu den grundlegenden Problemen vor, die hinter all den kleinen und großen Konflikten der letzten Jahre stehen. Sie sorgen in keiner Weise für eine demokratischere Grundstruktur am Bosporus, die jedoch nötig wäre, damit dort langfristig andere Kräfte eine Chance haben. Wer hofft, dass sich der Wandel in der Türkei mit der Zeit von ganz allein einstellen wird, ist naiv. Denn obwohl die AKP bei den Kommunalwahlen im März 2019 zum ersten Mal einige wichtige Großstädte wie Istanbul, Ankara und Antalya an die Opposition verloren hat, bleiben die Machtverhältnisse im Land voraussichtlich mindestens bis zum Jahr 2023, wenn die nächsten Parlaments- und Präsidentschaftswahlen stattfinden, unangetastet.

Ob es uns gefällt oder nicht: Wir werden zunächst einmal mit Erdoğan und seiner Regierung weiter auskommen müssen. Und wie an anderer Stelle bereits ausführlich beschrieben, sind nicht unbedingt bessere Zeiten zu erwarten, wenn diese Ära doch einmal enden sollte. Stattdessen dürfte lediglich ein neuer »Führer« Erdoğans Platz einnehmen, der vielleicht, aber nicht unbedingt, etwas demokratischer regiert als sein Vorgänger. »Das sind schlechte Aussichten für eine europäische Politik, die es von Fortschritten bei der Demokratisierung abhängig macht, ob die Kooperation mit dem Land vertieft wird – eine Haltung, die sich ohnehin zunehmend in Rhetorik erschöpft«, urteilt Günter Seufert, Türkeiexperte der Stiftung Wissenschaft und Politik in Berlin. Auch aus seiner Sicht hat das Aussetzen von Gesprächen, das Einfrieren von Beitrittsverhandlungen und das Androhen oder auch Anwenden von Wirtschaftssanktionen der letzten Jahre damit seinen Zweck verfehlt.

Stattdessen haben diese und andere Maßnahmen dazu geführt, dass das Misstrauen vieler Türken gegenüber dem Westen groß ist wie nie. Eine Umfrage des renommierten Pew-Forschungszentrums in Washington aus dem Jahr 2017 zeigt: 72 Prozent der türkischen Bevölkerung sehen die Politik der USA und deren Einfluss inzwischen als größte Gefahr für ihr Land an. Die politische und wirtschaftliche Krisenstimmung seit dem Putschversuch vom Juli 2016 hat nicht Erdoğan geschwächt, sondern den Nationalismus und das Misstrauen gegenüber allem Fremden in der Türkei gestärkt. Einen EU-Beitritt wünschen sich inzwischen nur noch etwa ein Viertel der Türken. Einst waren es mehr als 70 Prozent!

Aus dieser schwachen Position heraus aber wird der Westen auf die demokratische Kultur am Bosporus nicht einwirken können, erst recht nicht mit immer weiteren Sanktionen, wie sie auch in Deutschland immer noch von vielen gefordert werden. Oder ist Nordkorea vielleicht demokratischer geworden, seit die Menschen dort vor lauter Sanktionen hungern? Hat die politische und wirtschaftliche Isolation dem Iran zu mehr Demokratie verholfen? Im Gegenteil. In einem *Spiegel*-Artikel zu genau diesem Thema vom 11. Juli 2019 heißt es:

> Die USA haben den Handel zwischen Iran und Europa weitgehend zum Erliegen gebracht und erschweren den Export von Öl. Für die Islamische Republik ist ebendieser die wichtigste Einnahmequelle. Allein: All das zeigt bislang nicht den erhofften politischen Effekt. [...] Stattdessen hat bislang jede Sanktionsrunde zu einer weiteren Eskalation im Iran-Konflikt geführt. [...] Die Sanktionen gegen die Islamische Republik wirken, konstatiert vor diesem Hintergrund Walter Posch, Iran-Experte am Institut für Friedenssicherung und Konfliktmanagement (BLMVS) der österreichischen Landesverteidigungsakademie in Wien. Nur eben nicht so, wie Trump hofft. »Der Zusammenbruch der Wirtschaft ist da«, sagt er. »Aber die Sanktionen stabilisieren das Regime.« Die Strafmaßnahmen stützen jene Kräfte, welche die [gemäßigte, L. S.] Regierung von Hassan Rohani von Anfang an ablehnten. Posch sieht dafür mehrere Gründe:
>
> Der Umgang der US-Regierung mit dem Land werde, erstens, auch von Iranern als demütigend empfunden, die dem Regime kritisch gegenüberstehen.
>
> [...]
>
> Mittelfristig hält der Iran-Experte sowohl einen Regimewechsel als auch Verhandlungen zwischen Trump und Khamenei für unrealistisch. Wahrscheinlicher sei eine Fortführung des Status quo, der zu einer wachsenden Isolation Irans führe, sagt Posch. »Das ist ein Schrecken ohne Ende für alle Beteiligten.«[2]

Die Parallelen zur Türkei sind in meinen Augen unübersehbar. Der Hass der Bevölkerung im Iran beispielsweise richtet sich genau wie in weiten Teilen der Türkei gegen diejenigen, die die Sanktionen verhängen. Gegen den Westen also. Nicht aber gegen die eigenen Regierungen, selbst wenn die dafür letztendlich verantwortlich sein mögen. Sie präsentieren sich ihren Bürgern stattdessen als Opfer – was ihnen umso besser gelingt, je isolierter ihre Bevölkerung vom Rest der Welt ist.

Nicht zufällig wetterte Präsident Erdoğan in der Vergangenheit mehrfach, junge Türken, die im Ausland studieren, würden ihre Wurzeln verlieren. Dazu passt, dass die Türkei in den letzten Jahren Programme wie den knapp 1,5 Milliarden schweren Fördertopf »Kreatives Europa« aufgab. Offiziell kündigte die Türkei das Programm im Jahr 2016 nach nur zwei Jahren einseitig auf, da mit den Geldern auch das Konzertprojekt *Aghet* der Dresdner Sinfoniker unterstützt wurde, in dem es um den Völkermord an den Armeniern ging. Ankara wehrt sich nach wie vor gegen die Einstufung der Massaker von 1915 als Genozid und damit natürlich auch gegen alles und jeden, der diesen Völkermord anerkennt, egal, ob es sich um kulturelle oder politische Akteure handelt.

Inoffiziell aber, das vermuteten mehrere türkische Kulturschaffende damals im Gespräch mit mir, kam der Streit um *Aghet* der Regierung vielleicht gerade recht, um das Programm »Kreatives Europa« so schnell wie möglich zu verlassen. Denn dessen Ziele, die Völkerverständigung und der kulturelle Austausch, passten ohnehin immer weniger zu der neuen, zunehmend nationalistischen Linie in Ankara. In diesem Sinne stand sogar ein Ausscheiden aus dem international hoch angesehenen Erasmus-Austauschprogramm für Studenten scheinbar schon mehrfach kurz bevor.

Bisher ist dieser Bruch noch ausgeblieben. Dafür aber werden die vielen Wissenschaftler, Mediziner und IT-Angestellten, die in den letzten Jahren auf der Suche nach Jobs die Türkei verlassen haben, in regierungstreuen Kreisen und von hochrangigen Politikern öffentlich als Vaterlandsverräter bezeichnet. Und zahlreichen kritischen Wissenschaftlern wurde während laufender Verfahren der Reisepass entzogen, so dass sie der türkischen Justiz nicht entkommen, zugleich aber auch nicht mehr an internationalen Forschungsprojekten und Kongressen teilnehmen können.

Kurz: Erdoğan will so wenig Austausch wie möglich zwischen seiner Bevölkerung und dem Rest der Welt. Die Türken sollen nicht mit eigenen Augen sehen, was es bedeutet, in einem echten Sozialstaat unter demokratischen Bedingungen zu leben. Stattdessen sollen sie weiterhin an die Geschichten von der allgegenwärtigen anti-türkischen Verschwörung glauben, der sie nur mit einem mächtigen »Führer« begegnen könnten und aufgrund derer es unvermeidlich sei, demokratische Rechte wie Versammlungs- oder Pressefreiheit einzuschränken.

In diesem Sinne spielen wir Erdoğan und Co. also in die Hände, wenn wir den Dialog mit der Türkei in diesen schwierigen Zeiten abbrechen oder auch nur weiter zurückfahren. Was wir (und vor allem die demokratischen Kräfte am Bosporus) momentan brauchen, ist nicht weniger, sondern mehr Kontakt zur Türkei! Dass über 90 Prozent der Türken noch nie im Ausland gewesen sind, stärkt letztendlich all jene, die an einer möglichst geschlossenen, paranoiden Gesellschaft am Bosporus interessiert sind. Europa aber sollte das Gegenteil anstreben: eine möglichst demokratische und offene Türkei, die als verlässlicher Partner und in Krisensituationen nicht nur als Puffer, sondern viel öfter auch als Vermittler zu anderen Regionen dienen kann. Dass wir von einer solchen Partnerschaft momentan weiter entfernt sind als je zuvor, ist nicht allein die Schuld Erdoğans und seiner AKP. Auch Europa hat viel falsch gemacht im Umgang mit seinem geographisch, politisch, kulturell und wirtschaftlich unverzichtbaren Nachbarn.

EUROPA UND DIE TÜRKEI - EINE HASSLIEBE

Als ich Anfang des Jahres 2009 für erste Reportagen an den Bosporus kam, war die Begeisterung für Europa dort noch allgegenwärtig. Die Türken strotzten vor Selbstbewusstsein, und Istanbul war eine aufstrebende, hippe Metropole, in der vom Sesamkringelverkäufer über die kopftuchtragende Mutter oder die freizügige Modedesignerin bis hin zum kurdischen Unternehmer alle vom Aufstieg ihres Landes träumten. Ich lernte die Türkei in einer Zeit kennen und lieben, in der Istanbul zur europäischen Kulturhauptstadt ernannt und zum beliebtesten Reiseziel Europas gekürt wurde. Fast wöchentlich bekam ich Besuch aus Deutschland, und niemand kam auf die Idee zu fragen, ob meine Arbeit als freie Journalistin dort nicht zu gefährlich sei. Warum auch? Der Ton im Land war bei allen Problemen und ungeachtet der natürlich bereits existierenden Polarisierung der Menschen noch freundlich; AKP-Veranstaltungen glichen damals ausgelassenen Riesenpartys, bei denen man sich am eigenen Erfolg erfreute und sich immer neue, noch größere Ziele steckte. Der baldige EU-Beitritt gehörte dabei zum festen Bestandteil jeder Erdoğan-Rede.

Nur gut 10 Jahre sind seitdem vergangen. Doch fast alles, was ich eben beschrieben habe, hat sich heute ins Gegenteil verkehrt. Vor allem sind aus der Begeisterung für Europa und die EU Angst, Misstrauen und teilweise sogar Hass gegenüber allem Westlichen geworden. Der Status als ewiger Beitrittskandidat hat bei vielen Türken im Laufe der Zeit zu einer Trotzhaltung geführt. Nach dem Motto: Wenn die uns nicht wollen, dann wollen wir sie schon gar nicht. So kindisch das klingen mag, so verständlich ist es bei genauerem Hinsehen. Denn tatsächlich wurden die Verhandlungen der EU mit der Türkei nie auf Augenhöhe geführt, noch waren sie in Wahrheit, wie oft behauptet, ergebnisoffen.

Die sogenannten Kopenhagener Kriterien, die ein Land erfüllen muss, um der EU beitreten zu können, waren im Fall der Türkei nie ausschlaggebend. Sie wurden allenfalls benutzt, um scheinbar objektive Kriterien vorweisen zu können, die gegen den Beitritt dieses Riesenlandes sprachen, Defizite im Rechtssystem zum Beispiel oder im Steuersystem. Tatsächlich aber waren es nicht solche Probleme, die den Beitrittsprozess aufhielten. Sie hätten sicherlich wie im Falle Rumäniens oder Bulgariens überwunden werden können. Bei diesen beiden Ländern ist man sich laut Medienberichten heute sogar in Brüssel einig darüber, dass sie bei ihrem Beitritt im Jahr 2007 eigentlich gar nicht beitrittsreif waren und es wohl bis heute nicht sind. Im Gegensatz zur Türkei gab es aber den politischen Willen, sie dennoch in die EU aufzunehmen.

Bei der Türkei dagegen sorgten wohl von Anfang an die schiere Größe des knapp 80 Millionen Einwohner zählenden Landes, dessen muslimische Prägung und Lage (bei einem Beitritt hätte die EU plötzlich eine direkte Grenze zu Irak, Iran und Syrien) sowie die Erfahrung mit den vielen türkischstämmigen Migranten in europäischen Staaten – allen voran Deutschland – dafür, dass die Mehrheit der EU-Regierungen und -Bevölkerungen dem Beitrittsvorhaben von Anfang an ablehnend gegenüberstand. Und zwar lange, bevor Erdoğan die hiesigen Abendnachrichten prägte. Der magere Zwischenstand der 2005 offiziell aufgenommenen Beitrittsverhandlungen mit der Türkei belegt diese Annahme eindrücklich: Von 33 Kapiteln sind bisher lediglich 16 überhaupt geöffnet worden. Ein einziges nur, nämlich das Kapitel zum Thema Wissenschaft und Forschung, konnte erfolgreich abgeschlossen werden.

Schuld an diesem Schneckentempo sind natürlich auf der einen Seite die Zustände in der Türkei, die die EU-Kommission in ihrem Fortschrittsbericht vom Mai 2019 denn auch so harsch kritisiert hat wie nie zuvor. Wenn deutsche Medien daraufhin jedoch titeln »Türkei verspielt EU-Beitritt« (so tagesschau.de am 29. Mai 2019), dann darf man ihnen daraufhin Einseitigkeit vorwerfen. Denn verspielen kann man nur eine Chance, die zuvor einmal reell bestanden hat. Das aber war nie der Fall.

Werfen wir einen Blick zurück auf die sogenannten goldenen Jahre der türkischen Demokratie zwischen 2002 und 2007, also die erste Legislaturperiode der AKP. Europäische Politiker übertrafen einander damals mit Lobeshymnen auf die gerade neu angetretene Regierung in Ankara. Diese wiederum bekundete bei jeder Gelegenheit ihr Interesse an einem EU-Beitritt. In seinem Buch *Wohin geht die türkische Gesellschaft?* schwärmte der ehemalige FAZ-Korrespondent Rainer Herrmann im Jahr 2008:

> Anders als ihre islamischen Vorgängerparteien lehnt die AK Parti die EU nicht als »Christenclub« ab. Sie hat erkannt, dass sich die Türkei mit den EU-Reformen zu einer säkularen und pluralistischen Demokratie weiterentwickelt, in der sie ihre muslimische Identität bewahren wird. Zudem nutzte sie, dass die Mehrheit der Bevölkerung den EU-Kurs unterstützt, keine andere Partei aber eine glaubhafte EU-Politik verfolgt. Die EU wurde damit gerade in der Frühphase der Partei zu einem wichtigen Instrument: Über die EU-Reformen setzte sie ihre politischen Ziele um, und Fortschritte bei der Annäherung an die EU sichern ihr die Unterstützung der Wähler und ziehen frühere Kritiker der Partei auf ihre Seite. Die EU ist für die führenden Politiker der AK Parti zu einem Modell der Demokratie geworden und zu einem »Anker« für die Demokratisierung und die wirtschaftliche Stabilität.[1]

Dieser kleine Ausschnitt und viele andere Passagen aus Herrmanns Buch spiegeln die heute kaum noch vorstellbare Euphorie, die damals in Bezug auf Europa am Bosporus herrschte. Mit Gerhard Schröder und Jacques Chirac an der Spitze beschloss die EU im Jahr 2004, offiziell Beitrittsverhandlungen mit der Türkei aufzunehmen. Die Türken feierten das mit Feuerwerken und Autokorsos. Doch längst nicht alle Europäer teilten ihre Begeisterung. Und auch nicht alle Politiker.

Gerade Angela Merkel, die heute, also in Zeiten, in denen Erdoğan zunehmend autokratisch agiert, demonstrativ mit ihm in seinem Präsidentenpalast posiert und ihn mit dem sogenannten Flüchtlingsdeal international als anerkannten Partner rehabilitiert hat, zeigte sich im Jahr 2004 trotz des anhaltenden Reformeifers auf türkischer Seite entschlossen: Eine Vollmitgliedschaft der Türkei stehe für sie nicht zur Debatte, verkündete sie gemeinsam mit ihrem französischen Kollegen Nicolas Sarkozy – und handelte der EU damit den bis heute bestehenden Vorwurf der Doppelzüngigkeit ein. Höchstens über eine »privilegierte Partnerschaft« könne man verhandeln, hieß es plötzlich zur Enttäuschung der Türken aus Berlin und Paris.

Spätestens damals muss jedem Beobachter klargeworden sein, dass die angeblich »ergebnisoffenen« Verhandlungen faktisch nie auf eine Vollmitgliedschaft der Türkei hinauslaufen sollten und konnten. Auch auf dem Papier waren die Bedingungen für den Beitrittskandidaten deswegen wohl von Anfang an andere als bei allen anderen Ländern. Bis heute gilt zum Beispiel: Sollten die Verhandlungen zwischen Ankara und Brüssel wider Erwarten eines fernen Tages erfolgreich abgeschlossen werden, muss jedes einzelne EU-Land dem Beitritt noch einmal ausdrücklich zustimmen. Ein einziges Veto reicht, um die Türkei zu blockieren! Und als ob ein Beitritt damit nicht schon unwahrscheinlich genug wäre, kann dieses Veto in Frankreich und Österreich sogar per Volksabstimmung zustande kommen.

Seien wir ehrlich: Unter diesen Bedingungen war und ist ein EU-Beitritt der Türkei von vornherein zum Scheitern verurteilt. Die Türken – egal ob Erdoğan-Wähler oder Erdoğan-Gegner – wissen schon lange: Auch, wenn Erdoğan morgen abtreten und am Bosporus eine Vorzeigedemokratie entstehen sollte, würde die EU sie wohl niemals aufnehmen. Zu stark sind die Vorbehalte gegen ein überwiegend muslimisches Land, das im Falle eines Beitritts neben Deutschland das bevölkerungsreichste der EU wäre und zahlreiche innen- wie außenpolitische Probleme hat. Erdoğans Gebaren mag die Zahl der Türkeiskeptiker noch erhöht und die Sympathie für sein Land insgesamt geschwächt haben. Der eigentliche Grund für die ablehnende Haltung in der EU ist jedoch nicht der Präsident.

Doch dass die EU in der Geschichte dieser gescheiterten Beziehung selbst alles andere als eine weiße Weste hat, spielt in der Diskussion auf europäischer Seite meist keine Rolle. Mit Titeln wie »Türkei verspielt EU-Beitritt« und ähnlichen Aussagen deutscher Politiker und Medien zu diesem Thema wird der Schwarze Peter allein den Türken zugeschoben. Am Bosporus hat die Europäische Union genau deswegen bei den wenigen verbliebenen echten Demokraten viel von ihrem einstigen Ansehen eingebüßt. Und damit verringern sich leider auch ihre Möglichkeiten, mahnend, korrigierend oder wegweisend auf das Land einzuwirken. Präsident Erdoğan hat weit mehr als nur seine Anhänger hinter sich, wenn er wie im Jahr 2018 betont: In Sachen Demokratie lasse man sich von der EU überhaupt nichts mehr sagen. Schließlich werde man »von der EU schon seit 63 Jahren an der Nase herumgeführt«.

Respekt und Augenhöhe

Obschon ein Politiker wie Herr Erdoğan wohl kaum der richtige ist, um die Demokratiefähigkeit anderer zu bewerten oder zu kritisieren, erntet er mit solchen Aussagen viel Zustimmung. In den neun Jahren, die ich am Bosporus verbracht habe, konnte ich selbst mitansehen, wie die EU ihr gutes Image und vor allem ihre moralische Glaubwürdigkeit Stück für Stück eingebüßt hat. Das, die gewachsene geographische Bedeutung der Türkei durch die Zuwanderung aus dem Osten sowie der ökonomische Aufschwung nach dem Antritt der AKP-Regierung, der trotz der aktuellen Krise insgesamt für ein neues Selbstbewusstsein am Bosporus gesorgt hat, sollten Gründe genug sein, um das Verhältnis zwischen der Türkei und Europa von Grund auf zu überdenken und neu auszurichten. Die gewohnten Strukturen funktionieren offensichtlich nicht mehr.

Über 200 Jahre lang galt der Westen als unangefochtene Autorität in Sachen technische, kulturelle, wirtschaftliche und politische Entwicklung. Die Türkei war der ergebene Schüler, mal strebsam, mal neidisch – in jedem Fall aber unterlegen. Solange beide Seiten mit dieser Hierarchie einverstanden waren, funktionierte sie einigermaßen problemlos. Doch damit ist es nicht erst seit dem Auftauchen Erdoğans und seiner AKP vorbei. Die Türken sind sich inzwischen ihrer vielbesungenen geographischen Position als »Schnittstelle zwischen Ost und West«, ihres militärischen Gewichts als zweitstärkste Armee der Nato und ihres wirtschaftlichen Potenzials als fünftgrößter Handelspartner der EU bewusst geworden und wollen dementsprechend behandelt werden. Die EU dagegen ist in der Türkei längst nicht mehr in jeder Hinsicht überlegen, denn sie kämpft bekanntlich selbst mit zahlreichen wirtschaftlichen, politischen und sozialen Problemen. Ob es uns also gefällt oder nicht: Wir müssen der Realität ins Auge sehen und unter diesen veränderten Umständen einen neuen Umgang miteinander finden.

Dabei stellt sich zunächst die Frage: Was könnte den erhobenen Zeigefinger aus Brüssel ersetzen, der früher für Eindruck gesorgt haben mag, inzwischen aber nur noch als Zeichen von Arroganz oder gar Bedrohung empfunden wird?

Auch wenn man sich fragen muss, ob dieser Vorstoß angesichts zahlreicher akuter Probleme in den bilateralen Beziehungen unbedingt bei einer demonstrativ freundschaftlichen Teezeremonie in privater Umgebung stattfinden musste, hat Ex-Außenminister Gabriel einen Schritt in die richtige Richtung getan: Beim Außenministertreffen mit seinem türkischen Gegenpart Mevlüt Çavuşoğlu am 5. Januar 2018 in Goslar betonte er, »Augenhöhe« solle den neuen Dialog zwischen Türkei und Deutschland bestimmen. Trotz der zweifelhaften Umstände: Dass das Stichwort überhaupt fiel, war so bemerkenswert wie wichtig.

Denn für viele Türken dürften solche Äußerungen eines deutschen Politikers wichtiger sein als Versprechen einer wirtschaftlichen Zusammenarbeit oder gar Ausblicke auf einen EU-Beitritt, an den sie ohnehin längst nicht mehr glauben. Mehr als um alles andere geht es ihnen um Respekt und darum, endlich das Gefühl zu haben, dass man sie ernst nimmt. Gerade im Westen, den sie trotz aller gegenteiligen Behauptungen nach wie vor bewundern. Und zwar schätzen sie nicht nur dessen Wohlstand, sondern auch die Stabilität und den Frieden, der in Europa seit dem Zweiten Weltkrieg herrscht.

Wie also kann ein Dialog auf Augenhöhe mit der aktuellen Türkei aussehen? Meiner Meinung beginnt er mit einem Umdenken. Wir haben uns daran gewöhnt, die Türkei zu verurteilen, zu belächeln und als Bittsteller vor den Toren der EU zu sehen, der sich gefälligst an unsere Vorgaben zu halten hat. Dieses Bild müssen wir zunächst geraderücken – und zwar völlig unabhängig von unserer Sympathie oder Abneigung gegenüber der aktuellen türkischen Regierung. Letztendlich geht es um das Land selbst. Und das ist, wie bereits mehrfach betont, politisch, wirtschaftlich und kulturell genauso wichtig für Europa wie Europa für die Türkei. Die Türkei braucht Europa, aber umgekehrt brauchen wir auch die Türkei. Erst, wer sich das klarmacht, kann mit einem Dialog auf Augenhöhe beginnen, kann offen und vor allem ehrlich miteinander verhandeln. Mit der überheblichen Haltung, mit der wir der Türkei seit Jahren entgegentreten, muss Schluss sein.

Dass es bis dahin noch ein weiter Weg ist, zeigte zum Beispiel dieser Tweet des deutschen Außenministers Heiko Maas im Oktober 2019:

Ich werde am Samstag in die Türkei reisen:
– Die Waffenruhe muss eingehalten und die Zivilbevölkerung geschützt werden.
– Beim Umgang mit Geflüchteten muss die Türkei internationales Recht einhalten.
– Und sie muss den politischen Prozess unterstützen, statt ihn zu torpedieren.

Die Antwort des türkischen Außenministers Mevlüt Çavuşoğlu folgte prompt:

Lieber @HeikoMaas,
ich freue mich auf Deinen Besuch in der Türkei. Du bist uns immer willkommen. Aber nicht mit erhobenem Zeigefinger. Wer die Türkei belehrt, muss mit einer entsprechenden Antwort rechnen.

Der Türkei die eigenen Forderungen per Twitter vor die Füße zu knallen, ist meiner Meinung nach weder angemessen noch diplomatisch besonders geschickt. Und zwar unabhängig davon, ob sie inhaltlich richtig sind. Man stelle sich einen ähnlichen Ton der Bundesregierung im Umgang mit Frankreich oder auch den USA vor. Ein deutscher Außenminister sollte es besser wissen. So werden wir in der Türkei sicherlich nicht auf offene Ohren und Verhandlungsbereitschaft treffen.

Selbstverständlich heißt das keineswegs, dass wir alles gutheißen müssen, was die türkische Regierung tut. Im Gegenteil. Einen Präsidenten wie Erdoğan bei seinem Berlinbesuch im Oktober 2018 mit militärischen Ehren und rotem Teppich zu begrüßen, hat mit Augenhöhe nichts zu tun und ist nicht zuletzt ein Schlag ins Gesicht aller seiner Kritiker in der Türkei. Die Linken-Politikerin Sevim Dağdelen bemerkte damals:

Ich finde das wirklich befremdlich – und das ist die Frage, die uns alle in Deutschland umtreibt –: Warum konnte es nicht ein einfacher Arbeitsbesuch sein? Warum muss es ein großes Tamtam für Erdoğan geben, damit er sich hier als anerkannter Staatsmann vor seiner Anhängerschaft und in der Türkei präsentieren kann?[2]

Ich stimme Sevim Dağdelen zu. Ein schlichtes »Arbeitsessen« mit einem Politiker, der in seinem Land immerhin gerade vor aller Augen die Demokratie abschafft, hätte es auch getan. Denn mein Ruf nach Respekt und Augenhöhe für die Türken bedeutet ja auf keinen Fall, dass Europa dafür seine eigenen Werte aufgeben soll. Gerade jetzt müssen wir uns dieser Werte noch bewusster werden und erst recht danach handeln. Die Enttäuschung der türkischen Demokraten über Merkels Besuch im Oktober 2015, als sie ausgerechnet zwei Wochen vor den dortigen Parlamentswahlen freundlich lächelnd auf einer Art goldenem Thron in Erdoğans illegal erbautem Palast Platz nahm und ihm damit beste Wahlkampfunterstützung lieferte, ist unvergessen. Die Bilder des Treffens wurden in AKP-nahen Medien wieder und wieder wie ein Beweis für die eigene Stärke gezeigt. »Seht her, wie gut wir international dastehen!«

Noch tiefer sitzt die Fassungslosigkeit über den in dieser Zeit verhandelten sogenannten Flüchtlingsdeal. Zur Erinnerung: Am 18. März 2016 einigten sich die Türkei und die EU in Brüssel auf ein maßgeblich von Bundeskanzlerin Angela Merkel propagiertes Abkommen, dem zufolge Ankara in Zukunft alle illegal von der Türkei aus über die griechischen Inseln nach Griechenland, und damit in die EU eingereisten Migranten zurücknehmen würde. Die EU versprach dafür im Gegenzug, eine bestimmte Anzahl syrischer Flüchtlinge aus türkischen Flüchtlingslagern aufzunehmen. Ankara wurden zudem eine Beschleunigung des Verfahrens zur langersehnten Visafreiheit für türkische Staatsbürger, Finanzhilfen für den Umgang mit den mehr als drei Millionen Syrern im Land und neuer Schwung für die Beitrittsverhandlungen mit der EU in Aussicht gestellt. Nicht nur in den Augen vieler Türken gleicht dieser Deal (um ein verbindliches Abkommen handelt es sich im juristischen Sinne nicht) einer moralischen Bankrotterklärung Brüssels, die abgesehen von ihrer humanitären Fragwürdigkeit sowohl dem Ansehen Europas als auch Deutschlands extrem geschadet hat. Die Erdoğan-Regierung ihrerseits kann sich seitdem bei jeder Gelegenheit als unverzichtbarer Partner Europas präsentieren, der nach Bedarf sogar Bedingungen stellen und ändern kann. Die große Europa-Enttäuschung des im deutschen Exil lebenden Journalisten Can Dündar und vieler anderer mutiger türkischer Demokraten, die ich in den vergangenen Jahren getroffen und interviewt habe, kommt nicht von ungefähr.

Dündar schrieb im Mai 2017 diesbezüglich einen offenen Brief an den EU-Ratspräsidenten Donald Tusk und den EU-Kommissionspräsidenten Jean-Claude Juncker:

Am 25. Mai werden der EU-Kommissionspräsident Jean-Claude Juncker und EU-Ratspräsident Donald Tusk in Brüssel mit dem türkischen Präsidenten Recep Tayyip Erdoğan zusammentreffen, um über die Zukunft der Türkei in Europa zu sprechen. Anlässlich dieses wichtigen Gipfels möchte ich an das letzte Treffen der drei erinnern. Es fand am 16. November 2015 in Antalya statt. Erdoğan war als Sieger aus den Wahlen vom 1. November hervorgegangen. Am 10. November hatte die EU den Fortschrittsbericht zur Türkei veröffentlicht, in dem die Lage der Menschenrechte und Grundfreiheiten scharf kritisiert wurde. Insbesondere die Verletzungen der Pressefreiheit nahmen einen so breiten Raum ein wie in keinem der 17 vorangegangenen Berichte. Die Veröffentlichung des Berichts war auf Junckers Anweisung hin zweimal verzögert und auf die Zeit nach den Wahlen verschoben worden. Den Grund für diese Verzögerung konnten wir uns denken, aber nicht beweisen. Dann brachte die griechische Website euro2day.gr den Beweis. Sie war an die Protokolle des Dreiergipfels gekommen, die sämtliche schmutzigen Geheimnisse des EU-Türkei-Deals enthielten. Auf der Tagesordnung stand unter anderem der Flüchtlingspakt. Die EU sagte der Türkei Zahlungen zu für den Fall, dass sie die Flüchtlinge nicht nach Europa weiterschicken würde. Zu Beginn der Verhandlungen sagte Tusk zu Erdoğan: »Wir hatten uns auf drei Milliarden Euro für zwei Jahre verständigt, aber Ihr Premierminister fordert drei Milliarden pro Jahr.« Erdoğan antwortete: »Wenn Sie drei Milliarden für zwei Jahre geben, ist das Gespräch überflüssig. Wir brauchen die Gelder der EU nicht. Wir öffnen die Grenzen zu Griechenland und Bulgarien und setzen die Flüchtlinge in Busse. [...] Die EU wird auf weit mehr als ein an den Küsten der Türkei ertrunkenes Kind treffen. Es werden 10 000 bis 15 000 sein. Wie wollen Sie damit fertigwerden? [...] Wie wollen Sie ohne Abkommen die Flüchtlinge stoppen? Wollen Sie sie töten? [...] Das sind Menschen ohne Bildung, die werden auch in Europa Terroristen bleiben.« Wie reagierte Juncker wohl auf diese Drohung? Er lüftete das Geheimnis des Aufschubs. Aus dem Protokoll: »Ich erinnere daran, dass wir den Fortschrittsbericht auf nach den Wahlen in der Türkei verschoben. Dafür wurden wir kritisiert.« Erdoğan: »Der Aufschub hat nicht zum Wahlsieg der AKP beigetragen. Der Bericht war eine Beleidigung. Wie können Sie so etwas schreiben?« Juncker: »Auf Ihren Wunsch hin verschoben wir den Bericht. Wir dachten, Sie wollen sich mit Europa aussöhnen. Jetzt fühle ich mich hintergangen.« Verstehen Sie jetzt, woher Erdoğan seine Macht gegenüber Europa nimmt, warum Europa so lange zu Erdoğans repressiver Politik geschwiegen hat? Hätte der Fortschrittsbericht, wäre er früher veröffentlicht worden, einen Einfluss auf die Wahlen gehabt? Wohl kaum. Aber EU-Kommission und Europäischer Rat wären nicht in eine so peinliche Lage geraten. Wer glaubt jetzt noch der Kritik, die sie üben? Verehrter Herr Tusk, verehrter Herr Juncker, nach Ihrem Aufschub des Fortschrittsberichts auf Erdoğans Anweisung hin und genau zehn Tage nach Ihrem schmutzigen Deal in Antalya wurde ich verhaftet. Die Protokolle las ich in der Zelle. Es betrübte mich zu sehen, dass Sie bereit sind, Ihre Prinzipien mit Füßen zu treten, wenn es um Ihre Geschäftsinteressen geht. Vor Ihrem nächsten Treffen mit Erdoğan wollte ich Ihnen diese Gespräche ins Gedächtnis rufen. Lassen Sie sich nicht noch einmal hintergehen.[3]

Wenn Sigmar Gabriel, wie oben zitiert, von Augenhöhe im Umgang mit der Türkei spricht, dann kann genau diese Art von Politik nicht gemeint sein. Denn sie zeigt, wie wenig die Menschen und Zustände in der Türkei eigentlich zählen, wenn es um europäische Interessen geht. Sie degradieren die verbliebenen Demokraten am Bosporus zum Spielball. Ein weiteres Beispiel dafür ist die Ankündigung des damaligen Außenministers Gabriel, die Wiederaufnahme von Rüstungsexporten von der Freilassung des damals noch in der Nähe von Istanbul inhaftierten Welt-Korrespondenten Deniz Yücel abhängig zu machen. In einem Interview mit dem *Spiegel* am 4. Januar 2018 betonte Gabriel, man habe eine Reihe von Rüstungsexporten, an denen der Nato-Partner Türkei eigentlich ein großes Interesse habe, vorerst nicht genehmigt. »Dabei wird es auch bleiben, solange der Fall Yücel nicht gelöst ist«, betonte der damalige deutsche Außenminister.

Ist das wirklich die Art von Politik, die die Europäer meinen, wenn sie sich auf ihre angeblich unumstößlichen Werte beziehen? Werden wir langfristig stärker, wenn wir uns auf das Niveau derer herablassen, von denen wir doch sonst ständig behaupten, dass sie nicht zu uns passen? Indem wir Waffen gegen deutsche Gefangene austauschen – ungeachtet der zahlreichen türkischen politischen Häftlinge, die danach weiterhin und oftmals ohne Anklage in ihrer Heimat festsitzen, weil sich niemand für sie einsetzt? So stärkt man kein Demokratiebewusstsein, weder in der Türkei noch hier. Was die Türkei-Berichterstatterin des EU-Parlaments, die sozialdemokratische Abgeordnete Kati Piri aus den Niederlanden, bei einer Plenardebatte am 6. Februar 2018 befürchtete, ist längst eingetreten:

> Wir als Parlament erwarten, dass die EU sich laut und deutlich zu den Menschenrechten in der Türkei äußert. Nicht nur, weil dies die Werte sind, auf denen unsere Union beruht, und die Türkei als Kandidat an ihnen festhalten sollte, sondern auch, weil wir Gefahr laufen, die Glaubwürdigkeit und Unterstützung der Mehrheit der türkischen Gesellschaft zu verlieren, wenn wir uns in diesen dunklen Zeiten nicht für ihre Rechte einsetzen.

Noch aber kann und muss diese Glaubwürdigkeit zurückgewonnen werden. Freilich ist das ein ebenso mühsames wie wichtiges Unterfangen, das vor allem nur dann Erfolg haben kann, wenn Europa sich endlich zuerst an seine eigenen moralischen Vorgaben hält, anstatt sich in kurzfristig gedachten, unmenschlichen und undemokratischen Deals zu verlieren. Und wenn es den Türken dabei wie eingangs gefordert endlich auf Augenhöhe begegnet – unabhängig von ihrem Staatsoberhaupt.

Dazu gehört zum Beispiel auch, den türkischen Islam, wie ihn die AKP besonders zu Anfang ihrer Regierungszeit propagierte, zu akzeptieren und gegebenenfalls sogar als etwas Positives zu werten. Als eine Möglichkeit nämlich, mit der die Türken ihre in weiten Teilen der Gesellschaft tief verwurzelte Religiosität ausleben können, ohne sich dafür islamistisch-gewalttätigen Bewegungen anschließen zu müssen. Radikale religiöse Gruppen gibt es in der Türkei heute im

Gegensatz zu anderen Ländern in der Region kaum. Das sollten wir zu schätzen wissen.

Egal ob in religiöser oder kultureller Hinsicht: Respekt und Augenhöhe heißt also auch und vor allem, dass wir akzeptieren müssen, dass die Türken anders sind als wir und dementsprechend ein Recht auf ihre eigenen Formen des gesellschaftlichen, religiösen und politischen Miteinanders haben. Das Einhalten international anerkannter Menschenrechte dürfen und müssen wir dabei selbstverständlich einfordern. Aber sosehr wir uns auch bemühen, die Menschen am Bosporus werden sich nicht in Deutsche oder Franzosen verwandeln. Weder durch Drohungen noch durch Arroganz noch durch gutes Zureden. Sich deswegen enttäuscht von ihnen abzuwenden, darf keine Option sein.

Eine Abkehr vom Westen?

In diesem Sinne müssen wir meiner Meinung nach auch respektieren, dass die Türkei, der nun bereits seit Jahrzehnten vorgehalten wird, sie werde nie ganz zu Europa gehören, ein Recht auf andere bzw. eigene Partnerschaften haben muss. Bei jedem Treffen Erdoğans mit dem russischen Präsidenten Wladimir Putin schreien westliche Medien und Politiker auf: Ist das die endgültige Abkehr der Türkei vom Westen und seinen Werten? Verlässt Ankara jetzt die Nato? Tauscht Erdoğan seine EU-Ambitionen nun gegen eine Mitgliedschaft in der von China und Russland geführten Shanghaier Organisation für Zusammenarbeit (SCO), wird sein Land der chinesische Brückenkopf nach Europa?

Dass die Türkei sich nach anderen Partnern umsieht, ist eigentlich verständlich, gerade, wenn man das seit Jahrzehnten schwierige Verhältnis mit Europa betrachtet. Für fast jede Regierung ist erst einmal alles besser, als ganz allein dazustehen. Ideologische Überbewertungen der türkischen Verhaltensweisen scheinen nach den Erfahrungen der letzten Jahre unangebracht. Denn trotz aller Freundschaftsbekundungen mit Präsident Putin und aller Verneigungen der Türkei in Richtung China ist die endgültige Abkehr von Europa bisher ausgeblieben. Stattdessen betont Erdoğan ungeachtet all der Missstimmungen und Streitthemen mit Deutschland und Europa ja immer wieder, dass der Beitritt zur EU sein strategisches Ziel bleibe. Vor dem EU-Türkei-Gipfel im bulgarischen Warna im März 2018 stellte er sogar klar, er werde »gewissen Kreisen nicht erlauben, die Türkei daran zu hindern, der EU als respektiertes, gleichberechtigtes und volles Mitglied beizutreten«.

Wie passen solche Aussagen zu den gleichzeitigen demonstrativen Freundschaftsbekundungen mit Moskau? Was steckt hinter diesen Wechselspielen Ankaras? Erdoğan sind im Laufe der Jahre verschiedene ideologische Konzepte nachgesagt worden. Mal wollte er aus der Türkei angeblich einen Scharia-Staat machen, mal das Osmanische Reich wiederaufleben lassen und dafür Nachbarländer auf dem Balkan sowie in der arabischen Welt besetzen. Letztendlich aber scheint sich nur ein Verdacht immer wieder bestätigt zu haben: Erdoğan ist ein Pragmatiker, dem es vor allem um seine persönliche Macht geht. Alles andere – egal ob Alkoholverbote, verbale Ausfälle gegen Israel oder emotionale Auftritte vor Deutschtürken – dient dazu, diese zu erhalten und auszubauen.

Meiner Meinung nach gilt das auch für sein Verhältnis zur EU oder zu anderen Staaten. Erdoğan verbündet sich mit dem, der ihm für den Augenblick die meisten wirtschaftlichen oder auch militärischen Vorteile zu versprechen scheint. Moskau liefert den Türken Öl, Gas und seit Sommer 2019 – zur Empörung der Nato-Mitglieder, zu denen die Türkei ja eigentlich selbst gehört – auch Raketensysteme. Russische Touristen bevölkern außerdem wieder zuverlässig die Strände rund um Antalya und beleben damit die türkische Wirtschaft insgesamt. Und das tun sie auch dann noch, wenn zum Beispiel die Deutschen aus moralischen Erwägungen fernbleiben. Überdies scheinen sich beide Präsidenten – Erdoğan und Putin – auf persönlicher Ebene gut zu verstehen. Dazu trägt sicher auch ihr gemeinsames Misstrauen gegenüber den USA und dem Westen insgesamt bei.

All das sind genügend Gründe für den türkischen Präsidenten, um ein Interesse an guten Beziehungen zu Russland zu haben. Eine von langer Hand geplante anti-westliche Weltherrschaft gehört aber genauso wenig zu seinen strategischen Zielen wie ein endgültiges und ausschließliches Bündnis mit den Europäern. Ohnehin bleibt ja auch das Verhältnis zwischen der Türkei und Russland heikel, wie die regelmäßig aufflammenden Konflikte der vergangenen Jahre immer wieder gezeigt haben. Eine völlige und ausschließliche Hinwendung nach Moskau dürfte deswegen auch in Zukunft ausbleiben. Zu unterschiedlich sind die türkischen und die russischen Interessen zum Beispiel im Syrienkonflikt, wo Russland das Assad-Regime unterstützt, die Türkei dagegen die Opposition.

Die Frage ist: Muss die Türkei sich wirklich entscheiden? Muss sie ihre hundertprozentige Loyalität gegenüber Europa beweisen, solange Brüssel selbst nicht dazu bereit ist, Ankara verlässlich an sich zu binden? Die vielbeschworene Brückenfunktion der Türkei zwischen Ost und West klingt wunderbar romantisch, solange sie in Reiseführern auf die Verbindung von orientalischen und europäischen Einflüssen in Istanbul hinweist, beim Essen zum Beispiel, in der Musik oder der Architektur. Im politischen Sinne aber wird sie der Türkei nicht zugestanden. Da erwartet man ein klares, ja exklusives Bekenntnis, obwohl eine Brücke bekanntlich immer zwei Enden hat und in den meisten Fällen auch in beide Richtungen befahrbar ist. Diese schlichte Tatsache muss Europa akzeptieren und anerkennen, wenn es an einer ehrlichen Partnerschaft mit der Türkei interessiert ist. Eine endgültige Entscheidung für Europa mit all seinen Werten, Rechten und Pflichten einzufordern, ohne selbst zu einem engeren und exklusiven Bündnis bereit zu sein und die eigenen Privilegien dann auch den Türken uneingeschränkt zuzugestehen, wird nur für weiteren Zwist sorgen. Nicht aber für eine stabile, belastbare Beziehung.

Ehrliche Partnerschaft statt verlogene EU-Beitrittsverhandlungen

»Der Westen hat leider kaum eine Vorstellung von diesem Gefühl der Erniedrigung, das eine große Mehrheit der Weltbevölkerung erlebt und überwinden muss, ohne den Verstand zu verlieren oder sich auf Terroristen, radikale Nationalisten oder religiöse Fundamentalisten einzulassen.«
Orhan Pamuk

Dieses Zitat des türkischen Schriftstellers Orhan Pamuk sollten wir uns vielleicht öfter ins Gedächtnis rufen, wenn wir uns fragen, warum so viele Türken sich begeistert hinter einen in unseren Augen oft wie größenwahnsinnig daherkommenden Politiker wie Recep Tayyip Erdoğan stellen. Es hilft dabei, das ständige Streben nach

Größe und Stärke der Menschen am Bosporus besser zu verstehen. Die Europäer waren in den vergangenen Jahrzehnten zu sehr mit sich selbst beschäftigt und vielleicht auch zu wenig empathiefähig, um das »Gefühl der Erniedrigung«, von dem Pamuk spricht, zu erkennen oder gar zu lindern.

Tatsächlich hat der Westen immer nur dann Interesse an der Türkei gezeigt, wenn es ihm selbst nützlich erschien. Im Kalten Krieg diente die Türkei als willkommener Puffer zur Sowjetunion und wurde damit gern als »einer von uns« betrachtet. Es folgte die Aufnahme in das Nato-Bündnis, die zunächst für beide Seiten gewinnbringend erschien. Nachdem die Pufferfunktion nach Ende des Kalten Krieges jedoch nicht mehr im vorherigen Maße nötig war, verflogen auch die westlichen Sympathien gegenüber der Türkei schnell. Die Türken waren jetzt vor allem wieder fremd und anders, sie passten kulturell und religiös angeblich nicht nach Europa.

Das Muster von damals lässt sich bis heute im Umgang mit der Türkei beobachten: Wenn es um die Abwehr Hunderttausender Flüchtlinge oder die Bekämpfung des IS in Syrien geht, ist die Türkei ein willkommener Partner. Doch schon im nächsten Augenblick übertreffen europäische Politiker einander darin, die Unterschiede statt der Gemeinsamkeiten aufzuzählen und die Türkei aus ihrem erlauchten Kreis auszuschließen. Dieses Hin und Her muss aufhören. Es ist Zeit für eine klare Strategie in Europa und eine klare Entscheidung darüber, wie man sich das Verhältnis zur Türkei langfristig vorstellt.

Die ständigen Konflikte verstärken seit Jahren nur die Ablehnung auf beiden Seiten: In der EU nutzen vor allem rechte Parteien den möglichen Türkeibeitritt immer wieder als Horrorszenario. Und das selbst jetzt noch, da er faktisch schon gar nicht mehr zur Debatte steht und die Verhandlungen mit Brüssel »eingefroren« sind. In der Türkei wird der zähe Prozess gleichzeitig als Zeichen für die wachsende Islamophobie und die ohnehin anti-türkische Ausrichtung Europas gedeutet; vor allem Nationalisten nutzen ihn dazu, Wählerstimmen zu fangen. Wir haben es auf beiden Seiten mit einer Argumentationsspirale zu tun, die sich immer wieder selbst bestärkt und schon längst nichts mehr mit Realpolitik zu tun hat.

Es wäre deswegen für alle Beteiligten nur fair, sich das Scheitern des türkischen EU-Beitritts endlich offiziell einzugestehen und es laut auszusprechen. Knallt man damit den türkischen Demokraten endgültig die Tür vor der Nase zu, wie zum Beispiel die in Türkei-fragen besonders engagierte Claudia Roth (Bündnis 90/Die Grünen) seit Jahren warnt? Ich glaube: Nein. Zu verlieren gibt es bei diesem Thema ja ohnehin nichts mehr. Und das wissen die meisten Türken, genauso übrigens wie die meisten Europäer. Denn tatsächlich hat sich ja auch die Illusion längst zerschlagen, die EU könnte durch die Drohung, die Beitrittsverhandlungen zu beenden, Druck aus-üben.

Im November 2016, fünf Monate nach dem Putschversuch sowie den darauffolgenden Verhaftungs- und Entlassungswellen gegen Hunderttausende Regierungskritiker, forderten die Abgeordneten des EU-Parlaments, die Beitrittsgespräche auszusetzen. Im Juli 2017 wiederholten sie diese Forderung mit Blick auf die von Erdoğan vor-geschlagenen Verfassungsänderungen, weil das sich daraus ergeben-de Präsidialsystem den EU-Kriterien widerspreche. Ebenso wird je-des Mal vom endgültigen Überschreiten einer roten Linie gespro-chen, wenn der türkische Präsident wieder einmal (übrigens nicht zufällig immer in Wahlkampfzeiten) das Thema Todesstrafe ins Spiel bringt. »Deutschland und die EU haben eine klare Haltung: Wir leh-nen die Todesstrafe kategorisch ab. Ein Land, das die Todesstrafe hat, kann nicht Mitglied der Europäischen Union sein«, sagte Regierungs-sprecher Steffen Seibert dazu im Juli 2016. Wenige Tage zuvor hatte Erdoğan als Reaktion auf den gescheiterten Putschversuch gegen ihn angekündigt, man werde mit der Opposition über die Wiederein-führung der 2002 von seiner eigenen Regierung abgeschafften To-desstrafe in der Türkei beraten. »Die Einführung der Todesstrafe in der Türkei würde das Ende der EU-Beitrittsverhandlungen bedeu-ten«, erklärte Seibert damals.

Wir alle wissen, wie wenig Einfluss solche Drohungen aus Berlin auf die Entwicklungen in der Türkei haben. Das Verfassungsreferen-dum fand ungeachtet aller Kritik aus Berlin und Brüssel statt, Erdoğan entschied es mit knapper Mehrheit für sich und baute seine Macht seitdem kontinuierlich weiter aus. Dem EU-Parlament blieb nichts anderes übrig, als dem zuzuschauen. Das Thema Todesstrafe wurde übrigens seitdem in keiner Weise konkretisiert (und wird es nach Meinung der meisten türkischen Beobachter, mit denen ich darüber gesprochen habe, wohl auch nie werden). Es dient Erdoğan aber weiter in schöner Regelmäßigkeit dazu, seine Anhänger aufzuwiegeln und sich als starken Führer darzustellen, Drohungen aus der EU hin oder her. Erdoğan selbst weiß ebenso wie jeder andere einigermaßen realistisch denkende Türke: Etwas, das längst gescheitert ist, dient nicht mehr als Druckmittel.

Es ist also an der Zeit, dass beide Seiten endlich mit offenen Karten spielen: Die Zukunftsvision eines EU-Beitritts der Türkei muss durch eine realistische und ehrliche Partnerschaft ersetzt werden, um ihrer ständigen Instrumentalisierung auf beiden Seiten ein Ende zu setzen. Und Europa muss schnell handeln, wenn es die Türkei nicht vollständig als Partner verlieren will, zumal angesichts der wachsenden Rivalitäten zwischen EU, USA, China und Russland die Türkei noch wichtiger geworden ist. Wie aber könnten die Beziehungen zu Ankara in Zukunft aussehen? Überlegungen dazu hat es in den letzten Jahren sowohl in der Politik als auch in der Wissenschaft zahlreiche gegeben.

Assoziierungsabkommen

Will sie mit benachbarten Ländern eine engere wirtschaftliche und politische Zusammenarbeit vereinbaren, schließt die Europäische Union sogenannte Assoziierungsabkommen mit Drittstaaten ab, wie sie zum Beispiel mit Island und Tunesien bestehen. Neben Regelungen zu einem möglichst uneingeschränkten Warenverkehr geht es dabei vor allem um eine engere Zusammenarbeit in kulturellen und wissenschaftlichen Fragen sowie den bilateralen Dialog auf politischer Ebene. Forderungen nach Reformen zu Menschenrechtsfragen können ebenso Gegenstand der Zusammenarbeit werden wie Unterstützung auf technischer Ebene. Damit gehen die Assoziierungsabkommen bewusst über rein handelspolitische Vereinbarungen hinaus – gewähren den Drittstaaten zugleich aber keine Beteiligung an EU-Entscheidungen. Generell müssen die Assoziierungsabkommen keinen EU-Beitritt des jeweiligen Landes zum Ziel haben.

Mit der Türkei wurde ein solches Assoziierungsabkommen bereits im Jahr 1963 geschlossen. Einige Experten auf beiden Seiten sehen seine Überarbeitung und Neuausrichtung als mögliche Alternative zu den ohnehin faktisch gescheiterten Plänen einer Vollmitgliedschaft. Sie schlagen zum Beispiel eine graduelle Beteiligung der Türkei an EU-Entscheidungsgremien vor, um sie enger als andere Nachbarländer an sich zu binden und damit ihrer besonderen Bedeutung für die Union gerecht zu werden.

Privilegierte Partnerschaft

Bereits vor fast 20 Jahren entwarf die CDU das vor allem von Angela Merkel propagierte Konzept der »Privilegierten Partnerschaft«. In einem Beschluss der Präsidien von CDU und CSU am 7. März 2004 hieß es dazu:

> Unser Konzept der »Privilegierten Partnerschaft« statt eines Beitritts trägt der europäischen Perspektive der Türkei Rechnung. Die »Privilegierte Partnerschaft« geht weit über die zwischen der EU und der Türkei eingegangene Zollunion hinaus: So könnte eine alle Gütergruppen umfassende Freihandelszone geschaffen werden. Weiterhin könnte die Zusammenarbeit vertieft werden – insbesondere zur Stärkung der Zivilgesellschaft, des Umweltschutzes, zur Förderung von Kleinen und Mittleren Unternehmen, im Gesundheits- sowie im Bildungsbereich. Zudem könnte die Türkei verstärkt in die Gemeinsame Außen- und Sicherheitspolitik und in die Europäische Sicherheits- und Verteidigungspolitik einbezogen werden. Schließlich könnte zur Bekämpfung von Terrorismus, Extremismus und Organisiertem Verbrechen die Zusammenarbeit der Behörden und Institutionen im Innen- und Justizbereich sowie der Geheimdienste deutlich intensiviert werden.[4]

Die Privilegierte Partnerschaft wurde von der Türkei von Anfang an vehement mit dem Argument abgelehnt, dass man eine Vollmitgliedschaft und nichts anderes anstrebe. Als Bundeskanzlerin Merkel das Konzept im Jahr 2010 noch einmal in die Diskussion einbrachte, reagierte der damalige Minister für EU-Angelegenheiten in Ankara, Egemen Bağış, prompt: »An diesem Punkt wäre es eine Beleidigung für die Türkei, etwas wie eine Privilegierte Partnerschaft vorzuschlagen«, schimpfte der AKP-Politiker. Was hätte er auch anderes sagen sollen? Der EU-Beitritt galt damals als großes Ziel der türkischen

Gesellschaft, und die AKP hatte sich bei ihrem Antritt im Jahr 2002 auf die Fahnen geschrieben, dieses Ziel verwirklichen zu wollen. Allerdings sind seit Egemen Bağış' Abfuhr für Merkels Initiative zehn Jahre vergangen. Jahre, in denen sich viel verändert hat am Bosporus. Die wenigsten Türken glauben heute noch an einen EU-Beitritt; in Wahlkämpfen spielt er längst keine Rolle mehr. Deshalb meinen Beobachter wie der Hamburger Politikwissenschaftler Yaşar Aydın, dass eine Konkretisierung der damaligen Pläne und ernsthafte Verhandlungen über diese Alternative viel seitdem entstandenes Unheil hätten verhindern können. Zumindest aber wäre es wohl sinnvoll, sie unter den geänderten aktuellen Bedingungen, da die Hoffnung auf eine Vollmitgliedschaft ohnehin der Vergangenheit angehört, noch einmal zu überdenken, selbstverständlich unter einem neuen, weniger vorbelasteten Namen. Denn die »Privilegierte Partnerschaft« wird für die Türken für immer mit der Arroganz behaftet sein, mit der sie ihnen zu einem Zeitpunkt angeboten wurde, als sie selbst noch von nichts anderem als einer Vollmitgliedschaft träumten. Heute sieht das anders aus: Eine verlässliche Partnerschaft auf Augenhöhe mit der EU ist genau das, was sich die Mehrheit der Türken wünscht. Nur existiert sie bisher schlicht und einfach nicht.

Zollunion

Als kleinster gemeinsamer Nenner in den festgefahrenen Beziehungen und zugleich als letztes Druckmittel Europas gegenüber Erdoğans autokratischen Bestrebungen wird immer häufiger eine Erweiterung der gerade für die türkische Wirtschaft als überlebenswichtig geltenden Zollunion mit der EU genannt. Doch nicht nur Ankara hat großes Interesse an einer Modernisierung und Vertiefung dieser Union. Mit ihrem Beitritt im Jahr 1996 wurde die Türkei schnell zum unverzichtbaren Teil zahlreicher europäischer Produktionsketten. Fiat-Autos und Mercedes-Busse werden in der Türkei genauso produziert wie Bosch-Kühlschränke und Siemens-Waschmaschinen.

Auch wurde die Türkei im Laufe der Jahre immer attraktiver für europäische Investoren. Allein aus Deutschland, dem traditionell größten ausländischen Direktinvestor am Bosporus, sind 7250 Unternehmen dort aktiv. Beide Seiten profitierten also von Anfang an

von der Union – die allerdings inzwischen dringend einiger Nachbes-
serungen bedarf. Ein großes und hochaktuelles Problem für Ankara
ist die Tatsache, dass türkische Vertreter bislang nicht an den Verhandlungen der EU mit Drittstaaten teilnehmen dürfen, obwohl daraus hervorgehende Abkommen sie sehr wohl betreffen. Laut Vertrag
muss die Türkei ihre Märkte nämlich automatisch auch für all jene
Länder und Regionen öffnen, mit denen die EU Freihandelsverträge
schließt. Zugleich darf sie ihre eigenen Waren zollfrei dorthin expor-
tieren. Über die Konditionen der Verträge mitverhandeln darf sie
aber nicht. Unter anderem dieses Ungleichgewicht würde Ankara
gern ändern.

Auch auf europäischer Seite besteht Konsens darüber, dass die
Zollunion für beide Seiten Vorteile und Profitchancen birgt, weshalb
sie eigentlich einer Reform bedarf. Ausgerechnet Deutschland jedoch
blockiert dies seit einigen Jahren mit Verweis auf die Gefährdung von
Menschenrechten und Demokratie am Bosporus. Den einen erscheint diese Blockade in Anbetracht überfüllter Gefängnisse und offensichtlich politisch motivierter Gerichtsentscheidungen richtig
und wichtig. Die anderen bezeichnen sie angesichts gleichzeitiger
Panzerlieferungen an Ankara als zynisch.

Vor allem aber haben die letzten Jahre gezeigt, dass eine einfache
Erpressung à la »Modernisierung der Zollunion gegen Demokratie«
nicht funktioniert. Erdoğan ist offensichtlich bereit, seine Macht
auch auf Kosten der türkischen Wirtschaft weiter auszubauen bzw.
zumindest an ihr festzuhalten. Der Verfall der türkischen Lira, die
rasant steigende Arbeitslosigkeit und die explodierende Staatsver-
schuldung haben weder die Regierung noch die Bevölkerung demo-
kratiefähiger gemacht. Im Gegenteil. Viele Türken glauben brav an
die Mär von einer »heimtückischen Verschwörung« und einem
»Wirtschaftskrieg«, den der Westen unter dem Kommando der USA
gegen ihr Land führe. Vielleicht ist es also auch dort Zeit, umzudenken. Der Hamburger Politikwissenschaftler Yaşar Aydın schlägt
vor:

Zielführend wäre hier ein pragmatischer Idealismus, welcher die
aus türkischer Sicht lebenswichtige Vertiefung der Zollunion an
die Bedingung einer innenpolitischen Normalisierung und Wiederaufnahme eines Reform- und Demokratiekurses knüpft. So

könnte der gegenwärtige Teufelskreis in den EU-Türkei-Beziehungen überwunden und der Grundstein für eine stärkere politische Anbindung der Türkei an die EU gelegt werden.[5]

Wichtig wäre jedoch auch bei diesem Thema, auf Augenhöhe und in einem realistischen Rahmen zu verhandeln. Wer glaubt, er könne der Türkei die Pistole auf die Brust setzen und Politik mit Forderungen wie »entweder ihr erkennt Zypern an oder es gibt keine Erweiterung der Zollunion« machen, wird nicht weit kommen, wie die Erfahrungen der Vergangenheit gezeigt haben. Das kann im Moment nur zu Stillstand führen. Damit aber vergibt nicht nur die Türkei, sondern auch die EU eine große Chance. Denn konstruktive Verhandlungen zum Thema Zollunion könnten ein positives Signal vor allem an die Bevölkerung in der Türkei sein, die die EU inzwischen zunehmend als Aggressor wahrnimmt und nicht mehr, wie einst, als Vorbild und Hoffnungsträger in Sachen Demokratie und Wohlstand.

Die Visafrage

Unabhängig von allen wirtschaftlichen Annäherungen wäre in meinen Augen die seit Jahrzehnten immer wieder versprochene Auflockerung der Visabestimmungen für türkische Reisende das beste Mittel, um antieuropäischen und antidemokratischen Stimmen in der Türkei den Wind aus den Segeln zu nehmen. Ein längst überfälliger Schritt, der nicht Erdoğan, sondern vor allem der türkischen Bevölkerung zugutekommen und die EU dabei kaum etwas kosten würde. Alexander Bürgin, der an der Izmir University of Economics in der Türkei zu den EU-Türkei-Beziehungen forscht, schrieb dazu am 5. Mai 2016 unter dem Titel »Dies ist kein Kniefall vor Erdoğan« in der Wochenzeitung *DIE ZEIT*:

> Mit der Visafreiheit gewährt man zwar Staatspräsident Erdoğan einen außen- und innenpolitischen Erfolg, den ihm viele in der EU nicht gönnen, in erster Linie aber profitieren davon die türkischen Staatsbürger. Für sie fällt das aufwendige Antragsverfahren weg, das viele Antragsteller als demütigend empfinden. Warum darf der deutsche Tourist visumsfrei in die Türkei in den Urlaub fah-

ren, der türkische Tourist aber nicht ohne Visum nach Deutschland reisen?

Sei es aus verletztem Stolz oder aufgrund des bürokratischen Aufwandes: Viele türkische Staatsbürger verzichten auf eine Reise in die EU wegen der Visapflicht. Fällt die Visapflicht, hätte das positive Auswirkungen auf den Tourismus, die Geschäftsbeziehungen und den kulturellen Austausch. Auch für Studenten würde es einfacher, für eine gewisse Zeit in einem Schengenstaat zu studieren. Persönliche Kontakte zwischen türkischen und EU-Bürgern würden zunehmen, was dazu beitragen würde, gegenseitige Vorurteile abzubauen. Allein das ist Grund genug, die Visapflicht aufzuheben.[6]

Ich stimme Herrn Bürgin voll und ganz zu und frage mich zugleich, warum wir im Jahr 2020 überhaupt immer noch über diese Frage diskutieren. Albaner, Bosnier, Kolumbianer, Kroaten, Mexikaner, Taiwaner, Uruguayer und viele mehr dürfen längst ohne Visum nach Deutschland einreisen, solange es sich um einen Kurzbesuch von bis zu 90 Tagen handelt. Aber Türken müssen sich erst durch langwierige und (letztendlich für beide Seiten) auch kostspielige Anträge quälen, wenn sie Verwandte in Duisburg, eine Messe in Hannover oder auch nur einen angesagten Club in Berlin besuchen wollen. Warum dieser Aufwand? Kein Mensch redet ja davon, dass jeder Türke hierzulande eine Aufenthaltsgenehmigung bekommen oder gar staatliche Hilfen beantragen können soll, wie es rechte Populisten gern heraufbeschwören. Es geht um maximal 90 Tage gültige, nicht zur Annahme einer Arbeitsstelle befugende Visa.

Insgesamt 72 Bedingungen stellte die Europäische Kommission im Jahr 2013 für eine Visaliberalisierung der Türken. Bis auf fünf, heißt es, hat Ankara inzwischen all diese Bedingungen ganz bzw. teilweise erfüllt. Letztendlich scheitern aber wird der Prozess wohl an der Forderung, dass die Türkei zunächst ihr Antiterrorgesetz ändern bzw. die Begriffe Terror und Terrororganisation juristisch neu definieren müsse. Denn das aktuelle türkische Antiterrorgesetz aus dem Jahr 1991 ist nach Auffassung der EU-Kommission zu vage formuliert.

Es definiert Terrorismus als gewalttätigen oder gewaltandrohenden Akt, der »die Eigenschaften der türkischen Republik wie in der

Verfassung festgeschrieben« und damit »ihr politisches, rechtliches, soziales, säkulares oder wirtschaftliches System« verändern will. Gemeint ist ein Akt, der die unteilbare Einheit des türkischen Staates zu zerstören sucht oder die Existenz der türkischen Republik an sich gefährdet und die Sicherheit des Staates, die öffentliche Ordnung oder die allgemeine Gesundheit schädigt. Auch die Verbreitung von Informationen, die als Terrorpropaganda eingestuft werden, ist strafbar.

Die Kritiker der EU-Kommission haben recht, wenn sie diese Definition als sehr allgemein gefasst bezeichnen. Welche Folgen das haben kann, zeigen die überfüllten türkischen Gefängnisse sowie die unzähligen Anklagen und Schuldsprüche, die es gerade nach dem Putschversuch im Sommer 2016 in der Türkei gegeben hat. Ich kenne zahlreiche Journalisten, Wissenschaftler, NGO-Mitarbeiter, aber auch Studenten und Künstler, die wegen angeblicher terroristischer Aktivitäten Monate oder auch Jahre in Untersuchungshaft verbringen, ihre Arbeit aufgeben oder ihre Reisepässe abgeben mussten. Oft reichte es, einen kritischen Artikel zu veröffentlichen oder sich an einer Demonstration zu beteiligen, um als Terrorhelfer angeklagt zu werden.

Präsident Erdoğan betonte mit Bezug auf die Initiative »Akademiker für den Frieden« gern, dass es für ihn keinerlei Unterschied mache, ob jemand mit Kanonenkugeln oder mit Worten schieße. In diesem Sinne wurden wie erwähnt bereits mehr als 800 der Wissenschaftler von damals angeklagt, Hunderte sitzen im Gefängnis. Fast alle, weil sie mit ihrer Unterschrift unter den Friedensappell Terrorpropaganda betrieben und die kurdische PKK unterstützt haben sollen. Unter dem gleichen Vorwurf wurden in den vergangenen Jahren Dutzende Medienhäuser und Nichtregierungsorganisationen geschlossen und Versammlungen verboten.

Dass die EU-Kommission eine Reform der Antiterrorgesetzgebung anstrebt, ist also richtig und wichtig. Die Frage ist nur, ob es tatsächlich zielführend ist, diese an die in meinen Augen für alle Beteiligten nur gewinnbringende Visaliberalisierung zu knüpfen. Nach Dutzenden Anschlägen durch Organisationen wie die kurdische PKK oder den sogenannten Islamischen Staat in den vergangenen Jahren sowie einem Putschversuch, der sowohl von Erdoğans Anhängern als auch seinen Gegnern hauptsächlich der als Terrororganisation eingestuften Gülen-Bewegung zugeschrieben wird, sind Änderungen an der Antiterrorgesetzgebung gegenüber der türkischen Regierung (und auch großen Teilen der türkischen Bevölkerung!) besonders schwer durchzusetzen.

Infolgedessen aber stagniert nun das Thema Visaliberalisierung seit Sommer 2016, was in der Türkei einmal mehr all jene bestätigt, die den Versprechungen der EU schon lange keinen Glauben mehr schenken. Kann es wirklich sein, dass bei diesem so wichtigen Thema kein Fortschritt möglich ist und wir stattdessen zusehen, wie die antieuropäischen Ressentiments in der Türkei täglich mehr werden? Auch und vor allem, weil diejenigen, die sie verbreiten, wissen, dass die Mehrheit der Menschen ohnehin nicht ins Flugzeug steigen kann, um sich selbst ein Bild von der EU zu machen?

Ein Neustart muss her!

Ich bin keine Politikerin und kann daher keinen ausgearbeiteten Fahrplan für den zukünftigen Umgang mit der Türkei vorlegen. Vielmehr möchte ich dazu aufrufen, umzudenken. Es geht mir um eine neue Grundhaltung gegenüber der Türkei, da die bisherige offensichtlich niemanden mehr weiterbringt. Die immer häufigeren Konflikte zwischen Berlin und Ankara, aber auch zwischen der EU und der Türkei insgesamt zeigen, dass ein »Weiter so« in den Beziehungen nicht möglich ist. Im besten Fall gelangen wir an einen Punkt, an dem wichtige Themen blockiert und Verhandlungen als eingefroren bezeichnet werden.

Aber wollen wir wirklich dasitzen und warten, bis sich am Bosporus eine blühende Demokratie entfaltet hat, bevor wir wieder bereit sind, über unsere am Ende ja doch unvermeidlichen Beziehungen zu verhandeln? Oder könnten wir die aktuelle Krise, in der die Türkei sich ja nicht nur wirtschaftlich, sondern auch politisch und gesellschaftlich befindet, nicht vielmehr als Chance begreifen und aktiv daran mitarbeiten, dass sich am Bosporus langfristig etwas ändert und die demokratischen Strukturen sich festigen? Ich fürchte, wir haben eigentlich gar keine Wahl. Denn der Schaden für beide Seiten wird durch Abwarten und Blockieren nur größer, während Unverständnis und Ablehnung weiterwachsen.

Eine Grundvoraussetzung dafür, dass es vorangeht, ist in meinen Augen jedoch Ehrlichkeit gegenüber uns selbst und gegenüber der jeweils anderen Seite. Das heißt zuallererst: Alle Beteiligten müssen sich endlich eingestehen, dass die EU-Beitrittsverhandlungen zumindest vorerst gescheitert sind und nun auch offiziell beendet gehören. Danach kann man über einen Neustart in den Beziehungen diskutieren und zum Beispiel über eine engere Anbindung der Türkei an die EU durch erste Schritte wie Visafreiheit oder eine modernisierte Zollunion und ggf. noch viel mehr beraten. Und natürlich müssen wir auch darüber sprechen, was Europa von der Türkei im Gegenzug für diese Verhandlungen erwarten kann.

Warnungen, dass wir dadurch Zugeständnisse an Präsident Erdoğan machen und ihn womöglich noch für seine zunehmend antidemokratische Politik belohnen, sind meiner Meinung nach unangebracht. Bei genauerem Hinsehen ist das Gegenteil der Fall. Auch an dieser Stelle hilft es, sich immer wieder eines ins Gedächtnis zu rufen: Erdoğan ist nicht die ganze Türkei! Ein Neustart in den Beziehungen zwischen seinem Land und Europa würde nicht primär ihm, sondern der türkischen Bevölkerung als solcher helfen und hätte damit langfristige Auswirkungen auf die Türkei als Ganzes.

Gerade jetzt, da die regierende AKP nach dem verhältnismäßig schwachen Wahlergebnis vom 31. März 2019 immerhin angeschlagen ist und viele Türken nach Wegen aus der wirtschaftlichen und auch sozialen Krise suchen, bietet sich Europa die große Chance, sich wieder als Alternative ins Gespräch zu bringen. »Der Westen« muss politisch, kulturell und wirtschaftlich den Menschen am Bosporus wieder Hoffnung geben, wenn die Demokratie langfristig eine Chance haben soll. Wer jetzt schweigt oder gar fordert, den Dialog mit der Türkei ganz abzubrechen, der vertut die Möglichkeit, positiv auf die Zukunft des Landes und damit vielleicht auch auf die Zeit nach Erdoğan einzuwirken.

JETZT ERST RECHT! EIN PLÄDOYER FÜR BILDUNG, DIALOG UND AUSTAUSCH

So abgenutzt es auch sein mag, das Bild vom berühmten »Scherbenhaufen« drängt sich auf, wenn man versucht, die Überbleibsel der einst guten, ja ausdrücklich freundschaftlichen deutsch-türkischen Beziehungen zu beschreiben. Längst gilt das nicht mehr nur für die politische, sondern auch und gerade für die gesellschaftliche Ebene. Wo sind die begeisterten Reiseberichte deutscher Urlauber aus Istanbul, der einstigen Kulturhauptstadt Europas? Wo sind die Sympathien für die Gezi-Demonstranten, die mit ihren kritisch-kreativen Protesten im Sommer 2013 ganz Europa im Sturm eroberten? Und wo sind die Künstler, Wissenschaftler und Abenteurer, die jahrelang Schlange standen, um ein paar Monate am Bosporus leben und arbeiten zu dürfen?

Es ist ja nicht so, dass Istanbul plötzlich nicht mehr die magische Schnittstelle zwischen Ost und West wäre, der Ruf des Sesamkringelverkäufers weniger verlockend in den Straßen erklingen würde oder alle Türken über Nacht fanatische Demokratiegegner geworden wären. Aber Erdoğan, seine Großmachtträume und die vielen negativen Nachrichten vom Bosporus stellen alles andere zunehmend in den Schatten. Das Ergebnis kann man in Istanbul inzwischen an jeder Ecke beobachten: Nicht nur die Touristen, auch europäische Austauschstudenten, Journalisten oder Kulturschaffende – kurz: die berühmten »Brückenbauer« – sind so selten geworden, dass man sie förmlich suchen muss.

Im Szeneviertel Cihangir zum Beispiel sah man früher zu jeder Tages- und Nachtzeit neben türkischen Schauspielern und Autoren auch Europäer in den Cafés sitzen, hörte deutsche, englische, französische Gesprächsfetzen im Vorbeigehen. Nirgendwo sonst in Istanbul reihen sich so viele Delikatessengeschäfte, Espressobars und

Weinläden aneinander wie dort, nur einen Steinwurf vom zentralen Taksim-Platz entfernt. Heute aber stehen in Cihangir viele der Altbauwohnungen mit Bosporusblick, die die zahlungskräftigen Wahl-Istanbuler früher gern mieteten, leer. Europäische Firmen haben ihre Mitarbeiter abgezogen, und die deutsche Schule in Istanbul kämpft seit Jahren darum, überhaupt noch Lehrer zu finden, die bereit sind, für ein paar Jahre in die Türkei zu ziehen.

Kreative wie Korhan Gümüş, Stadtplaner und bekanntes Mitglied der intellektuellen Szene Istanbuls, klagen wiederum:

> Stellen Sie sich vor, Sie wollen eine Konferenz oder ein Kulturprojekt mit internationalen Gästen hier veranstalten. Früher war Istanbul dafür ein sehr beliebter Ort. Heute brauchen Sie gar nicht erst die Einladungen zu verschicken. Es will einfach niemand mehr kommen.

Längst leiden nicht mehr nur Tourismusagenturen, Maklerbüros oder Börsenanleger unter dem schlechten Image der Türkei. Es ist auch und gerade die Kulturszene der Bosporusmetropole, die zunehmend verflacht. Die ganze Aura der Stadt verändert sich. »Viele Europäer kauften früher auch alte Häuser hier und restaurierten sie liebevoll«, erzählt Stadtplaner Gümüş. »Sie fühlten sich als Bürger dieser Stadt. Einige arbeiteten hier, recherchierten, schrieben Bücher ... Istanbul war für sie nicht nur ein Ort zum Geldverdienen, sondern eine Stadt, die jeden einlud, sie mitzugestalten.«

Der rege kulturelle Austausch, das ständige Kommen und Gehen von Menschen und Ideen aus aller Welt haben Istanbul überhaupt erst zu dem gemacht, was es lange war: ein Schmelztiegel. Eine pulsierende, multikulturelle Metropole, die Ost und West so selbstverständlich miteinander verknüpfte wie kaum ein anderer Ort. Eine Stadt, die Verbindungen zwischen Menschen und Kulturen schuf, die auf politischer Ebene vielleicht nie zueinandergefunden hätten.

Natürlich könnte man nun schulterzuckend sagen, der aktuelle »Scherbenhaufen« sei allein Erdoğan und den Menschen, die ihn gewählt haben, zuzuschreiben. Nicht wenige argumentieren deswegen auch: Wer heute einen Türkeiurlaub bucht, der unterstützt damit letztendlich das System Erdoğan. Ich habe dieses Argument in den letzten Jahren vielfach gehört, gerade von Menschen, die ich als engagiert bezeichnen würde, die sich beispielsweise Gedanken um ihren ökologischen Fußabdruck machen und sich als aktive Europäer betrachten. Dennoch halte ich ihre Schlussfolgerung in diesem Fall für falsch und kontraproduktiv.

Die Leidtragenden solcher scheinbar moralischen Überlegungen sind letztendlich die Menschen am Bosporus, die mehr und mehr isoliert bzw. vom internationalen Austausch abgeschnitten werden. Nicht nur finanziell, sondern vor allem auch gedanklich und kulturell. Gerade jetzt plädiere ich deswegen dafür, die Türkei nicht aufzugeben. Entscheidungen wie die des Deutschen Akademischen Austauschdienstes (DAAD) mögen auf den ersten Blick nach Verschwendung deutscher Steuergelder aussehen. In Wahrheit sind sie genau das Gegenteil: Man wolle ausdrücklich am Engagement in der Türkei festhalten, hieß es im September 2017 aus der Strategiezentrale des DAAD. In diesen Zeiten wolle man bewusst auch »mit den kritischen Geistern und international orientierten Persönlichkeiten« des Landes in Verbindung bleiben.

Jetzt ist der richtige Zeitpunkt, sich um all die zu kümmern, die die türkische Demokratisierung noch vorantreiben wollen. Nachdem Erdoğans Höhenflug zumindest vorerst beendet zu sein scheint, suchen viele Türken besonders intensiv nach einer Alternative. Sie können sie in einem neuen Anführer à la Erdoğan finden, der vielleicht etwas demokratischer und versöhnlicher auftritt – vielleicht aber auch nicht. Sie könnten aber stattdessen auch Schritt für Schritt merken, dass die ewige Suche nach »Führern« und nach Stärke die türkische Gesellschaft letztendlich nicht weiterbringt. Und dass es wohl kein Zufall sein kann, dass Politik und Wirtschaft inzwischen wieder auf den gleichen desaströsen Zustand hinsteuern, in dem Erdoğan und die AKP sie bei ihrem Antritt im Jahr 2002 vorgefunden haben müssen. Deutschland kann ihnen dabei helfen, solche Gedanken weiterzuentwickeln.

Denn bei aller Kritik an der Demokratiefähigkeit der Türken zeigen die Ergebnisse der Kommunalwahlen 2019 und des Präsidialreferendums 2017 oder die Gezi-Proteste 2013 ja, dass es doch demokratische Kräfte am Bosporus gibt. Und zwar in einer Anzahl, die Hoffnung macht. Wer genau hinsieht, der findet überall Türken, die sich trotz aller Verhaftungen, Verleumdungen und Rückschläge nicht zum Schweigen bringen lassen, sondern immer weiter für die Demokratie in ihrem Land kämpfen. Der 75-jährige Ömer Madra, der in Istanbul mit dem spendenfinanzierten Sender Açık Radyo das vielleicht letzte wirklich unabhängige Medium der Türkei betreibt, ist nur einer unter den vielen, die mich in den letzten Jahren immer wieder mit ihrem Mut und ihrer Ausdauer beeindruckt haben. Ich weiß nicht, ob ich unter den herrschenden Bedingungen so unerschütterlich wäre wie der Umweltaktivist Madra oder auch die 69-jährige Architektin Mücella Yapıcı, die sich nicht nur während der Gezi-Proteste im Sommer 2013 mit aller Kraft gegen die bauliche Zerstörung Istanbuls und für mehr demokratische Mitbestimmung einsetzte. Diesen Menschen habe ich in den letzten Jahren gemeinsam mit meinem Mann Hunderte von Radioreportagen gewidmet, und es ist wichtig, ihnen auch in Zukunft viel Aufmerksamkeit zu schenken. Denn die türkische Gesellschaft besteht eben bei weitem nicht nur aus Erdoğan und seinen Anhängern – auch wenn deren mediale Omnipräsenz das manchmal glauben macht.

»Wenn sie ihr Land nicht aufgegeben haben, dann sollten wir es auch nicht tun«, fordert die niederländische Europapolitikerin Kati Piri mit Bezug auf diejenigen, die sich weiter für die Demokratie am Bosporus einsetzen. Wie recht sie hat! Damit diese Basis jedoch weiterwachsen kann, brauchen mehr Türken Zugang zu Bildung, Austausch und Dialog. Seminare oder Workshops zu Themen wie Demokratiebildung, Umweltschutz, Pressefreiheit oder Frauenrechten – die in Deutschland geradezu zum Standardprogramm außerschulischer Bildungsträger gehören – sind in der Türkei Mangelware. Genauso mangelt es an Plattformen für Diskussionen oder auch schlicht an Raum für Kulturschaffende und (partei-)politisch unabhängige Kunst oder Jugendkultur. Ganz zu schweigen von breit angelegten Austauschprogrammen mit anderen Ländern und Kulturen.

Oft fehlt es allein schon an finanziellen Mitteln für all diese Themen und Bereiche. Finanziell gut ausgestattete politische oder auch parteiunabhängige Stiftungen, regierungsunabhängige Kulturfördertöpfe oder auch einen öffentlich-rechtlichen Rundfunk wie in Deutschland gibt es nicht. Deutsche und europäische Vereine, Verbände und Stiftungen können diese Lücke füllen und mit Stipendien oder möglichst kostenfreien Angeboten (Seminaren, Diskussionsveranstaltungen, Austauschprogrammen) zahlreiche Menschen in der Türkei erreichen, die sich eigentlich sehr wohl engagieren oder auch einfach nur informieren und austauschen wollen.

Natürlich wird es immer diejenigen geben, die Deutschland zum Dank für solches Engagement vorwerfen werden, der Türkei eine bestimmte Kultur aufzwingen zu wollen oder zum Beispiel mit den Angeboten des Goethe-Instituts oder der Deutschen Welle Propaganda zu betreiben. Diesen Anschuldigungen muss man sich offen stellen und sich mit ihnen auseinandersetzen. Denn selbstverständlich wäre ein paternalistischer Bildungsauftrag à la »Wir erziehen die Türken« unangebracht. Vielmehr geht es, wie auch hier in Deutschland, darum, Diskussionen anzuregen, Raum für Austausch und Ideen zu schaffen, Horizonte zu erweitern. Statt um Propaganda geht es um Dialog, vor allem mit den jungen Türken, die der AKP bzw. Erdoğans Alleinherrscheranspruch laut Studien übrigens ohnehin eher kritisch gegenüberstehen. Nicht nur der türkisch-niederländische Autor Murat Işık setzt seine Hoffnung in diese neue Generation von Türken,

> … die genug hat von der giftigen und alles aufzehrenden Polarisierung, und es wagt, gegenüber ihren Führern und innerhalb ihrer eigenen Gruppe kritisch zu sein. Eine Generation, die es zulässt, dass Andersdenkende ein Podium bekommen und die mit ihren Gegnern in der politischen Arena eine konstruktive Debatte führt.[1]

Das aber wird nur funktionieren, wenn der einst rege Austausch zwischen der Türkei und den Ländern der EU – allen voran Deutschland – wiederbelebt wird. Und zwar sowohl auf politischer und wirtschaftlicher als auch auf zivilgesellschaftlicher Ebene. Und hier kommen wir alle ins Spiel.

Brückenbauer in Krisenzeiten

Manuela ist Kita-Erzieherin. Ich traf sie im Frühjahr 2019 in Berlin-Kreuzberg. Die Türkei befand sich gerade wieder einmal im Wahlkampffieber, in den Nachrichten war von verhafteten Erdoğan-

Kritikern und befürchteten Wahlmanipulationen die Rede. Nach einer Türkeireise war den wenigsten Deutschen zumute. Das spürte auch Manuela täglich:

Also meine eine Nachbarin, die ist vor 10 Jahren noch ganz oft in die Türkei geflogen, um in Antalya usw. Urlaub zu machen. Aber als ich jetzt gesagt habe, ich fliege in die Türkei, da hat sie riesige Angst um mich gehabt und immer wieder gesagt: Oh, wie kannst du nur, pass bloß auf dich auf – nicht, dass dich Erdoğans Leute irgendwie im Flugzeug oder am Schalter mitnehmen oder so ...

Manuela aber lächelte nur über solche Warnungen. Sie wusste aus eigener Erfahrung, dass sich auf menschlicher Ebene nichts an der sprichwörtlichen türkischen Gastfreundschaft geändert hatte, die sie auf früheren Reisen kennen und lieben gelernt hatte. Denn trotz aller Bedenken von Nachbarn und Freunden war sie kurz zuvor an den Bosporus geflogen, hatte gemeinsam mit drei weiteren Berliner Erziehern in verschiedenen Istanbuler Kitas hospitiert und die Beziehungen zu ihren dortigen Kolleginnen und Kollegen vertieft, die ihrerseits ebenfalls zweimal in Deutschland zu Besuch gewesen waren.

Es war total interessant, einen Einblick zu erhalten, wie dort gearbeitet wird. Wir haben ja auch hier in Berlin viele Eltern, die neu aus der Türkei hierherkommen. Und man hat einfach danach mehr Verständnis für die und ihre Kinder gehabt. Und dann war da natürlich die türkische Gastfreundschaft. Wir wurden in jeder Kita unheimlich herzlich empfangen, vom Bürgermeister zum Essen eingeladen usw. Also das war einfach sehr herzlich alles gewesen.

Organisiert hatte die Begegnung der Erzieherinnen der Berliner Städtepartnerschaftsverein Kadıköy e. V., der sich mit Austauschprojekten, aber auch Bildungsreisen oder bilateralen Ausstellungen und Konzerten seit 22 Jahren für den deutsch-türkischen Dialog einsetzt. Längst nicht nur bei Manuela und ihren Kolleginnen hat er es so geschafft, Vorurteile und Ängste abzubauen, die sie sonst wohl von einer Türkeireise abgehalten hätten. »Ich glaube, das ist das Potenzial von zivilgesellschaftlichem Austausch, aber natürlich auch von Städtepartnerschaften, dass sie es abseits der großen politischen Bühnen schaffen, Menschen zusammenzubringen, die dann oft im Gespräch merken: So unterschiedlich sind wir gar nicht«, meint Daniel Grütjen, Projektkoordinator bei der Stiftung Mercator.

Sie gehört wie der zuvor erwähnte Städtepartnerschaftsverein zu den wenigen Akteuren, die sich weiterhin aktiv für den deutsch-türkischen Dialog einsetzen. Ihre 2014 ins Leben gerufene deutsch-türkische Jugendbrücke ermöglichte bereits mehr als 6500 deutschen und türkischen Jugendlichen, jenseits von Nachrichtensendungen und Propagandamaschinerien einen Einblick ins jeweils andere Land zu bekommen. Nicht trotz, sondern gerade in schwierigen Zeiten wie diesen sei das von unschätzbarem Wert, betont Projektkoordinator Grütjen.

Man merkt, dass auf beiden Seiten viel Vertrauen verlorengegangen ist. Dass auch viele Vorurteile, die wir überwunden geglaubt hatten, wieder aufgekommen sind und sich verhärtet haben, und das zeigt sich natürlich auch dann in unseren Projekten, wo gerade dieser Vertrauensaufbau wichtiger geworden ist.

Grütjen weiß, wovon er spricht. Wie anderen Trägern auch gingen der Mercator-Stiftung zwischenzeitlich sogar die Bewerber aus. Welche deutschen Eltern möchten ihre Kinder schon guten Gewissens in Erdoğans Türkei schicken? Doch Aufklärung und persönliche Gespräche mit besorgten Teilnehmern zeigen Wirkung.

Zurzeit fördert die Stiftung Mercator rund 40 türkeibezogene Projekte, durch die sich Schüler, Journalisten, Mitarbeiter in der Flüchtlingshilfe oder Wissenschaftler aus beiden Ländern begegnen sollen. 2016 – nur wenige Monate nach dem Putschversuch gegen Präsident Erdoğan und mitten im türkischen Ausnahmezustand, der die Arbeit am Bosporus auch für in- und ausländische Nichtregierungsorganisationen erschwerte – wurde ein neues Istanbul-Büro eröffnet. »Wenn die Politik nicht funktioniert, wenn der politische Dialog abgebrochen ist, dann sind es solche Programme und Partnerschaften, die auf ganz niedrigschwelliger Ebene, quasi grassroot-mäßig, die Brücken aufrechterhalten«, glaubt auch der Berliner Grünen-Politiker Özcan Mutlu, der bereits zwei Stadtteilpartnerschaften mitinitiiert hat und von ihrem Erfolg überzeugt ist. Vor allem, weil es sich auf türkischer Seite beide Male um liberale, traditionell von der Oppositionspartei CHP regierte Bezirke handelte.

»So wie es mit Freunden ist: Man sucht sich seine Freunde aus dem Kreis derjenigen, die gleichgesinnt sind. Ich geh ja auch nicht los und begründe eine Partnerschaft mit einem Politiker, der rechtsradikale Ansichten hat«, erklärt Mutlu. Und tatsächlich laufe der Austausch mit den liberalen Bürgermeistern gerade jetzt, wo es auf allen anderen Ebenen stocke, besser denn je, sagt er:

> Wir dürfen eins nicht vergessen: Städtepartnerschaften sind für die Menschen vor Ort da. Wenn ein Land bestimmte universelle Werte missachtet, brauchen die Menschen, die eben an diese universellen Werte glauben, wie Menschenrechte, Meinungsfreiheit, Pressefreiheit etc., erst recht unsere Unterstützung. Städtepartnerschaften und Co sind das ideale Instrument dafür.

Wer nun spottet, dass wir mit Künstlerstipendien und dergleichen schwerlich einen Diktator aus dem Amt vertreiben oder eine ganze Gesellschaft über Nacht zu demokratischen Wählern machen können, der unterschätzt die Kraft solcher scheinbar sanften Methoden. Insbesondere wenn die politischen Fronten verhärtet sind und ein offener Dialog zwischen Regierenden eigentlich kaum noch möglich scheint, ist es umso wichtiger, den Kontakt auf anderer Ebene aufrechtzuerhalten und am besten noch zu intensivieren. Ansonsten überlassen wir denen, die am lautesten schreien, kampflos das Feld und die Deutungshoheit über uns selbst. In diesem Fall also Erdoğan und seinen Leuten, die Deutsche wie Europäer bereits mehrfach als Nazis, als islamophobe Kreuzritter und Aggressoren dargestellt haben.

Wer, wenn nicht wir selbst, soll dem etwas entgegensetzen? Und zwar am besten im direkten Austausch mit Menschen, die solcher Propaganda ansonsten tagtäglich ausgesetzt sind. Als Beispiel kann die Erfolgsgeschichte des 1963 gegründeten Deutsch-Französischen Jugendwerks dienen, das es unter anderem geschafft hat, innerhalb einer Generation den Blick auf den Nachbarn grundlegend zu ändern und die Feindschaft der vorangegangenen Weltkriege zu überwinden. Aus Frankreich, dem traditionellen Feind, war schon in meiner eigenen Jugend in den 1990er Jahren der selbstverständliche und uns in vielem nahestehende Nachbar geworden, auf den wir mit Neugier, nicht mit Angst und Ablehnung blickten. Auch die Franzosen, die ich damals bei Jugendaustauschprojekten kennenlernte, sahen uns Deutsche nicht mehr als potenzielle Aggressoren und gefährliche Nachfahren derjenigen, die einst ihr Land besetzt hatten, sondern ganz einfach als Nachbarn mit eigenen Ideen und eigener Kultur, über die man sich auch mal lustig machen konnte – die aber in jedem Fall als ebenbürtig galten. Was für ein Erfolg wäre es, wenn unsere Kinder einst ähnliche Freundschaften mit Jugendlichen aus der Türkei knüpfen könnten, diesem Land, das momentan so unendlich weit weg und fremd erscheint.

Im Oktober 2018 schlossen Deutschland und Griechenland einen Vertrag über die Gründung eines Deutsch-Griechischen Jugendwerks. Darin heißt es: »Das Deutsch-Griechische Jugendwerk (DGJW), griechisch *Ελληνικό-Γερμανικό ίδρυμα Νεολαίας*, ist ein Projekt der Bundesregierung, um nach dem Vorbild des Deutsch-Französischen Jugendwerks und des Deutsch-Polnischen Jugendwerks die Beziehungen zwischen jungen Menschen in Deutschland und Griechenland zu intensivieren und das gegenseitige Verständnis zu vertiefen.« Wer an die Zerwürfnisse und Ressentiments zwischen Griechen und Deutschen während und nach der griechischen Finanzkrise ab dem Jahr 2009 zurückdenkt, der wird schnell einsehen, wie sinnvoll diese Initiative ist.

Wäre es vor dem Hintergrund der langen gemeinsamen Geschichte, der vielen türkischstämmigen Menschen in Deutschland und der zahlreichen wirtschaftlichen und kulturellen Verflechtungen also nicht an der Zeit, auch über ein Deutsch-Türkisches Jugendwerk nachzudenken? Natürlich gibt es längst Initiativen, wie zum Beispiel die eben beschriebene deutsch-türkische Jugendbrücke der Mercator-Stiftung. Aber ein offizielles, von den Regierungen bzw. jeweiligen Ministerien in Berlin und Ankara gemeinsam initiiertes, gefördertes und propagiertes Programm würde meiner Meinung nach noch einmal ein ganz anderes Zeichen für die deutsch-türkischen Beziehungen setzen.

Auswärtige Kulturpolitik – die deutsche »Kulturdiplomatie«

Projekte und Initiativen wie die eben beschriebenen fasst man beim Auswärtigen Amt unter einem Kürzel zusammen, das ausgerechnet dem der türkischen Regierungspartei gleicht. AKP steht in diesem Falle allerdings für Auswärtige Kulturpolitik oder auch Auswärtige Kultur- und Bildungspolitik (dann AKBP), die Claudia Roth im Bundestag wie folgt beschrieb:

> Die Auswärtige Kultur- und Bildungspolitik ist die dritte Säule der Außenpolitik. Damit das alle wissen: Sie ist kein Sahnehäubchen und auch kein Accessoire, das man sich nur in guten Zeiten leisten kann. Nein, oft ist sie gerade Voraussetzung für eine auswärtige Politik.[2]

Neben den politischen und wirtschaftlichen Beziehungen wird diese sogenannte dritte Säule häufig auch als »Außenpolitik der Gesellschaften« bezeichnet. Was könnte treffender und notwendiger sein, wenn es um die Beziehungen zu einem Land geht, mit dessen Präsidenten und seiner offensichtlich von ihm dominierten Regierung wir eigentlich so wenig wie möglich zu tun haben wollen? Gerade in der aktuell angespannten Situation kann und muss die AKBP die zunehmende Sprachlosigkeit überwinden.

Nun muss man kein Politikwissenschaftler sein, um zu wissen, dass die Verfechter dieser sogenannten sanften Außenpolitik es angesichts der immer zahlreicher werdenden Konfliktthemen und Krisen in der Welt nicht leichter, sondern eher schwerer haben. Populisten wie Donald Trump, Boris Johnson und Erdoğan mit dem Goethe-Institut oder einem Schüleraustauschprogramm entgegentreten zu wollen, scheint auf den ersten Blick lächerlich. Ist es aber nicht.

Wer das dennoch behauptet, der muss sich fragen lassen: Warum geht Erdoğan in der Türkei oder auch Putin in Russland so erschreckend radikal gegen zivilgesellschaftliche Organisationen vor, gegen kritische Kulturschaffende und Wissenschaftler? Warum beschimpfen sie NGO-Mitarbeiter bei jeder Gelegenheit als »ausländische Agenten« und Verräter? Weil sie wissen, dass sich genau hinter diesen Strukturen die Keimzelle jener Demokratie verbirgt, die ihnen so gefährlich erscheint. Sie haben verstanden, dass es bei der Arbeit der NGOs nicht nur um zu belächelndes Gutmenschentum geht.

Aus den gleichen Motiven heraus finanziert die Türkei Moscheen und Kulturzentren in Bosnien-Herzegowina sowie im Kosovo oder fördert Korankurse und Imamausbildungen an DITIB-Moscheen in Deutschland (die Abkürzung steht für die Türkisch-Islamische Union der Anstalt für Religion e. V.). Erdoğans Regierung hat begriffen, was ausgerechnet in Deutschland immer noch viele leugnen. Nämlich, dass auch die Auswärtige Kultur- und Bildungspolitik echte, ernstzunehmende Außenpolitik ist. Gerade konservative Beobachter führen den scheinbar sinkenden Einfluss der EU – die mit ihrer Friedens- und Erweiterungspolitik gern als Paradebeispiel der sogenannten Soft Power bezeichnet wird – darauf zurück, dass die Union zu häufig und zu lange auf solche Instrumente gesetzt habe, anstatt zum Beispiel gemeinsam aufzurüsten.

»Prompt zeigen sich die Grenzen der Durchsetzungsfähigkeit der EU. Ihr fehlt die Hard Power«, hieß es am 16. Juli 2019 unter dem Titel »Grenzen der Soft Power« im Berliner *Tagesspiegel*. Der Kommentator Christoph von Marshall bezog sich auf den Umgang der EU mit den ihrer Ansicht nach illegalen türkischen Gasbohrungen vor der zypriotischen Küste. »Hätte sie [die EU, L. S.], zum Beispiel, militärische Macht, würde sie Kriegsschiffe vor Zyperns Küste schicken«, meinte der Journalist. »Nicht um zu kämpfen; das wäre nicht nötig. Die Machtdemonstration würde genügen, um die illegalen Bohrungen der Türkei im Hoheitsgebiet des EU-Mitglieds Zypern zu stoppen. Realpolitik wie beim Flüchtlingspakt versteht Erdoğan.«

Meiner Meinung nach werden mit solchen Forderungen, wie so oft, zwei Dinge gegeneinander ausgespielt, die eigentlich zusammengehören. Der Politiker und Wissenschaftler Joseph S. Nye, der den Begriff der Soft Power im Jahr 1990 prägte, sah sie niemals als Instrument, das die klassischen wirtschaftlichen und politischen Instrumente in der Außenpolitik ersetzen sollte. Vielmehr sollte sie diese ergänzen.

Die deutsche Bundesregierung hat sich mit genau diesem Verständnis und der kontinuierlichen Aufwertung ihrer Auswärtigen Kulturpolitik in den letzten Jahren viel internationales Ansehen verdient. Dennoch wird man nach wie vor belächelt, wenn man für mehr statt für weniger Dialog mit Ländern wie der Türkei eintritt. Das mag daran liegen, dass die Früchte einer solchen Politik niemals sofort zu erkennen sind. Langfristig aber ist die Ernte, davon bin ich überzeugt, umso ertragreicher. Eine militärische Abschreckung durch europäische Kriegsschiffe zum Beispiel würde die Türkei vielleicht vorübergehend von Provokationen vor der zypriotischen Küste abhalten. Aber würde sie uns langfristig wirklich weiterhelfen und eine Annäherung ermöglichen? Das gelingt nur, wenn wir die dadurch gewonnene Verschnaufpause bis zum nächsten Konflikt sinnvoll zu nutzen wissen.

Weil wir das nicht konsequent genug getan haben, stehen wir heute so ratlos vor dem Scherbenhaufen, den die ständigen Zusammenstöße von den einst guten deutsch-türkischen und europäisch-türkischen Beziehungen übriggelassen haben. Viele Kanäle auf politischer Ebene sind inzwischen vollständig blockiert – die EU-Beitrittsverhandlungen sind eingefroren, die Verhandlungen über eine Erweiterung der Zollunion ausgesetzt etc. Umso wichtiger erscheint es mir, an diesem Punkt auf die Möglichkeiten der AKBP zu setzen. Im Bericht des Auswärtigen Amts aus dem Jahr 2018 heißt es folgerichtig:

Angesichts weltweit schrumpfender Spielräume der Zivilgesellschaft, Nationalismus und Abschottung und einem Wettbewerb der Narrative, in dem faktenbasierte Informationsvermittlung und Kommunikation zum Teil offen in Frage gestellt werden, leistet die Bundesregierung durch die AKBP als integralem Bestandteil der deutschen Außenpolitik ihren Beitrag zu Frieden und Stabilität. Als Teil des europäischen Einigungswerks vermittelt die AKBP unsere Werte, schafft und schützt Zugang zu Kultur und Bildung über geografische, soziale und kulturelle Grenzen hinweg und verteidigt die Freiheit von Kunst, Wissenschaft und Meinung. Der Deutsche Bundestag hat der AKBP sowohl neue politische Impulse gegeben als auch eine stärkere finanzielle Unterstützung gewährt.[3]

Die Freude über diese Denkansätze wird lediglich getrübt durch die Tatsache, dass im aktuellen Haushalt ein Budget von 5 Milliarden Euro für das Auswärtige Amt zur Verfügung steht, während dem

Bundesministerium für Verteidigung ca. 43 Milliarden Euro zugeteilt wurden.[4]

Zwar muss man berücksichtigen, dass nicht allein das Auswärtige Amt für die AKBP zuständig ist – der Auslandssender Deutsche Welle zum Beispiel, der zu den bekanntesten Instrumenten Deutschlands auf diesem Gebiet gehört, ist im Kanzleramt angesiedelt und erhält sein Budget dementsprechend nicht vom Auswärtigen Amt. Dennoch bleibt die Diskrepanz zwischen diesen beiden Haushalten offensichtlich. Natürlich sind Panzer teurer als Auslandslehrer. Aber sind sie wirklich auch so viel effektiver?

SCHLUSSWORT: MIT ERDOĞAN REDEN?

All die vorangegangenen Vorschläge und Plädoyers für einen engeren Dialog mit der Türkei – für mehr Austausch und mehr Augenhöhe – setzen eines voraus: Nämlich, dass wir mit einem Staatspräsidenten reden und zusammenarbeiten, der längst nicht mehr als demokratisch bezeichnet werden kann. Es gibt – nicht nur im rechten, sondern gerade auch im linken politischen Spektrum – zahlreiche Kritiker, die deswegen jede Verhandlung mit dem türkischen Präsidenten ablehnen. Die Linken-Politikerin Sevim Dağdelen schreibt in ihrem bereits erwähnten Buch *Der Fall Erdoğan*: »Die Bundesregierung setzt in vielfältiger Weise auf Erdoğan als Partner. Aber Erdoğan ist kein Partner, erst recht nicht für Verhandlungen.«

Ich glaube dagegen: Wir können uns unsere Partner nicht immer aussuchen. Und gar keine Verhandlungen sind nur selten eine Lösung. Wenn wir die Türkei und ihre Menschen nicht aufgeben wollen, dann müssen wir – nicht nur, aber eben auch – mit Erdoğan reden. Ohne ihn wird es nicht gehen, machen wir uns nichts vor. Denn der türkische Präsident ist nun einmal da, und er hat nach wie vor Millionen überzeugte Wähler in seinem Rücken. Sie alle verprellen wir automatisch, wenn wir den Dialog mit ihrem bei aller Kritik ja doch gewählten Staatschef verweigern.

Ohnehin führt ja vor allem bei aktuellen politischen Anliegen kein Weg an Verhandlungen mit Erdoğan vorbei. Er ist nun einmal der offizielle politische Repräsentant seines Landes. Und so, wie die Polizei mit einem Bankräuber verhandeln muss, der sich mit seinen Geiseln verschanzt hat, so muss die Bundesregierung es auch mit dem türkischen Präsidenten tun, wenn nicht sämtliche demokratisch Denkenden am Bosporus mit unter der Sprach- und Kontaktlosigkeit leiden sollen. Ihm einen roten Teppich ausrollen oder ihn im heimischen Wahlkampf unterstützen müssen wir deswegen nicht. Auch den

Kontakt zu den oppositionellen, demokratischen Kräften am Bosporus müssen wir keineswegs so demonstrativ vernachlässigen, wie es Bundeskanzlerin Merkel leider jahrelang bei ihren Türkeibesuchen getan hat.

Ich denke vielmehr, eine erfolgreiche Türkeipolitik kommt im Moment nicht ohne Zweigleisigkeit aus. Wir müssen auf der einen Seite mit Erdoğan verhandeln und dabei vielleicht am besten dem Grundsatz folgen: so wenig wie möglich, so viel wie nötig. Zugleich aber gilt es, endlich auch verstärkt über seine Ära hinauszudenken und die türkische Gesellschaft und ihre verbliebenen demokratischen Elemente als solche zu stärken. Vielleicht kann sie so eines Tages selbst für demokratischere Strukturen und eine weniger auf starke »Führer« fokussierte Politik in ihrem Land eintreten. Das richtige Abwägen zwischen diesen beiden Komponenten macht die Kunst einer guten Türkeipolitik aus, ist aber in den letzten Jahren nicht überzeugend gelungen – vor allem wohl wegen des sogenannten Flüchtlingsdeals und der damit einhergehenden Abhängigkeit der EU von der Türkei.

Ich weiß, dass Merkels Türkeipolitik vor allem nach Abschluss dieses Deals alle Demokraten in der Türkei mehr und mehr enttäuscht hat. Ebenso hat mich die Gleichgültigkeit und Zurückhaltung, mit der sie auf die Demontage der türkischen Demokratie vor aller Augen reagierte, empört. Gleichwohl glaube ich nicht, dass die deutsche Bundeskanzlerin oder sonst irgendein europäischer Politiker Erdoğan hätte aufhalten können. Das kann am Ende nur die türkische Gesellschaft selbst, die ihn überhaupt erst ins Amt gebracht hat. Diese Gesellschaft gilt es deswegen kompromisslos zu unterstützen. Mit Bildungsangeboten, wie sie oben beispielhaft skizziert wurden, mit Austauschprogrammen, mit echtem Interesse und einem Dialog auf Augenhöhe.

ANMERKUNGEN

Was gehen uns die Türken an?

1 Sevim Dağdelen, *Der Fall Erdoğan. Wie uns Merkel an einen Autokraten verkauft*, Frankfurt a. M. 2016.
2 Entwurf KoaV, Stand: 7. Februar 2018, http://www.tagesspiegel.de/downloads/20936562/4/koav-gesamttext-stand-070218–1145h.pdf.
3 Günter Seufert, »Die alte Freundschaft ist vorbei«, in: *ZEIT Online*, 15. August 2018, https://www.zeit.de/politik/ausland/2018-08/tuerkisch-amerikanische-beziehung-reccep-tayyip-erdogan-donald-trump-usa-nato-mitgliedschaft.

Erdoğan – Diktator oder nicht?

1 Die *tageszeitung*: »Vom Hoffnungsträger zum Diktator«, http://www.taz.de/!5536177/, der *Bayernkurier*: »Pleite-Diktator Erdoğan in Deutschland«, https://www.bayernkurier.de/ausland/34797-pleite-diktator-in-deutschland/.
2 Jan Hedde, »Die Rückkehr des Selbstherrlichen. Eine Begriffsanalyse«, in: *Spiegel Online*, 4. September 2016, https://www.spiegel.de/kultur/gesellschaft/autokrat-begriffanalyse-die-rueckkehr-der-selbstherrlichen-a-1110516. html.

Von wegen dumme Bauern: Die Erdoğan-Anhänger

1 Übersetzungen, soweit nicht anders angegeben, stammen von der Autorin.
2 Ece Temelkuran, *Euphorie und Wehmut. Die Türkei auf der Suche nach sich selbst*, Hamburg 2015.
3 Dağdelen, *Der Fall Erdoğan*.
4 Rainer Herrmann, *Wohin geht die türkische Gesellschaft?*, München 2008, S. 136.
5 Özlem Topçu, »Stachel im Fleisch«, in: *ZEIT Online*, 31. Dezember 2016,

https://www.zeit.de/politik/ausland/2016-12/pressefreiheit-tuerkei-journalist-festnahme-ahmet-sik/komplettansicht.

Von wegen allesamt Vorzeigedemokraten: Die Erdoğan-Gegner

1 Deniz Yücel, *Taksim ist überall. Die Gezi-Bewegung und die Zukunft der Türkei*. Mit einem Vorwort von Doris Akrap, Daniel-Dylan Böhmer und Özlem Topçu, Hamburg 2017, S. 81.

2 Lale Akgün, »Die Lehren des Lahmacun, oder: Istanbul lernt Multikulti«, in: *ZEIT Online*, 16. Mai 2007, https://www.zeit.de/2007/21/Die_Lehren_des_Lahmacun_oder/komplettansicht.

3 Herrmann, *Wohin geht die türkische Gesellschaft?*, S. 144 f.

4 Tayfun Guttstadt, »Das verklärte Erbe des Kemalismus«, in: *Qantara.de*, 13. November 2007 https://de.qantara.de/inhalt/erdogan-kritik-das-verklaerte-erbe-des-kemalismus?nopaging=1.

5 Anna-Sophie Schneider, »Vom Volk gewählt, von Erdogan abgesetzt«, in: *Spiegel Online*, 6. November 2019, https://www.spiegel.de/politik/ausland/tuerkei-recep-tayyip-erdogans-feldzug-gegen-kurdische-buergermeister-a-1295127.html.

6 https://chpbrussels.org/chps-vision-for-eu-membership/.

7 Yücel, *Taksim ist überall*, S. 93.

Von Vätern und »Führern«

1 Murat Işık, »Die Türken lieben den starken Führer und maskulinen Mann«, in: *Der Tagesspiegel*, 25. Juli 216, https://www.tagesspiegel.de/kultur/meine-tuerkei-die-tuerken-lieben-den-starken-fuehrer-und-maskulinen-mann/13918030.html.

2 Hassan Gökkaya, »Der mächtigste Häftling der Türkei«, in: *ZEIT Online*, 15. Februar 2019, https://www.zeit.de/politik/ausland/2019-02/abdullah-oecalan-pkk-fuehrer-20-jahre-inhaftierung-tuerkei-kurdenkrieg.

3 Özlem Topçu, »Der Führer macht das schon«, in: *ZEIT Online*, 7. Juli 2015, https://www.zeit.de/politik/ausland/2015-07/tuerkei-fuehrerprinzip.

Woher kommt die türkische Führerliebe?

1 Cengiz Günay, *Geschichte der Türkei,* München 2012, S. 68.

2 Çiğdem Akyol, Erdoğan. Die Biographie. Freiburg i. Br., 2018, S. 31.

3 Übersetzung aus: Thomas Seibert, »»Wir erwarten euch, ihr werdet in eurem Blut ersaufen««, in: *Der Tagesspiegel*. 21. März 2019, https://www.tagesspiegel.de/politik/tuerkischer-nationalistenchef-bahceli-wir-erwarten-euch-ihr-werdet-in-eurem-blut-ersaufen/24128568.html.

4   Vgl. Ines Kallis, *Griechenlands Weg nach Europa: das Ringen um demokratische Strukturen im 20. Jahrhundert,* Münster 1999.

Gesucht: Langfristige Strategien im Umgang mit der Türkei

1   Daniel Brössler, »Europa muss aus seiner Ohnmacht herausfinden«, in: *Süddeutsche Zeitung,* 15. Oktober 2019, https://www.sueddeutsche.de/ politik/tuerkei-Erdoğan-europa-1.4639652.
2   Christoph Sydow, »Die Iran-Sanktionen wirken – genau das ist das Problem«, in: *Spiegel Online,* 11. Juli 2019, https://www.spiegel.de/politik/ ausland/donald-trump-gegen-iran-die-sanktionen-wirken-genau-das-ist-das-problem-a-1276905.html.

Europa und die Türkei – eine Hassliebe

1   Herrmann, *Wohin geht die türkische Gesellschaft?,* S. 133f.
2   Sevim Dağdelen, »Weder Waffen noch Geld an Erdoğan«, in: *The European,* 8. Oktober 2018, https://www.theeuropean.de/sevim-Dağdelen/14798- weder-waffen-noch-geld-an-Erdoğan.
3   Can Dündar, »Offener Brief«, in: *DIE ZEIT* 22/2017.
4   CDU, »Privilegierte Partnerschaft. Die europäische Perspektive für die Türkei. Beschluss der Präsidien der Christlich Demokratischen Union und der Christlich-Sozialen Union am 7. März 2004«.
5   Yaşar Aydın, »Verhältnis zur Türkei bleibt angespannt – doch EU hält hilfreichen Hebel in der Hand«, in: *Focus,* 11. März 2018, https://www.focus.de/ politik/experten/gastbeitrag-von-yasar-aydin-durch-kompromisse-bei-zollunion-koennte-eu-das-verhaeltnis-zur-tuerkei-entspannen_ id_8589366.html.
6   Alexander Bürgin, »Dies ist kein Kniefall vor Erdoğan«, in: *ZEIT Online,* 5. Mai 2016, https://www.zeit.de/politik/ausland/2016-05/visafreiheit-tuerkei-eu-deal-vorteile.

Jetzt erst recht! Ein Plädoyer für Bildung, Dialog und Austausch

1   Murat Işık, »Die Türken lieben den starken Führer«.
2   Claudia Roth, Vizepräsidentin des Dt. Bundestages, Bundestagsrede vom 2. Oktober 2015.
3   22. Bericht der Bundesregierung zur Auswärtigen Kultur-und Bildungspolitik für das Jahr 2018, https://www.auswaertiges-amt.de/blob/2232572/ 8976f6ea5c1c60e8ef6fcea19e00060a1/akbp-bericht2018-data.pdf.
4   https://www.bundeshaushalt.de/#/2019/soll/ausgaben/einzelplan.html.